# Conductors on the yellow label

Lehmann  Leitner  Jochum
Rother  Markevitch  Ludwig
Konwitschny  Fricsay

with valuable assistance from Alan Newcombe

## Discographies compiled by John Hunt

**contents**

| | |
|---|---|
| 3 | Acknowledgement |
| 6 | Introduction |
| 13 | Fritz Lehmann |
| 63 | Ferdinand Leitner |
| 141 | Eugen Jochum |
| 169 | Artur Rother |
| 193 | Igor Markevitch |
| 211 | Leopold Ludwig |
| 227 | Franz Konwitschny |
| 233 | Ferenc Fricsay |
| 293 | Credits |

Conductors On The Yellow Label
Published by John Hunt.
Designed by Richard Chluparty
© 1998 John Hunt
reprinted 2009
ISBN 978-1-901395-94-5

Sole distributors:
Travis & Emery,
17 Cecil Court,
London, WC2N 4EZ,
United Kingdom.
(+44) 20 7 459 2129.
sales@travis-and-emery.com

**acknowledgement: these publications have been made possible by contributions and advance subscriptions from**

Masakasu Abe, Chiba
Richard Ames, New Barnet
Stefano Angeloni, Frasso Sabino
Stathis Arfanis, Athens
Yoshihiro Asada, Osaka
Jack Atkinson, Tasmania
Brian Capon, Glasgow
Eduardo Chibas, Caracas
Robert Christoforides, Fordingbridge
F. De Vilder, Bussum
Richard Dennis, Greenhithe
John Derry, Newcastle-upon-Tyne
Hans-Peter Ebner, Milan
Henry Fogel, Chicago
Peter Fu, Hong Kong
Nobuo Fukumoto, Hamamatsu
Peter Fulop, Toronto
James Giles, Sidcup
Guy Glenet, Bordeaux
Jens Golumbus, Hamburg
Jean-Pierre Goossens, Luxembourg
Johann Gratz, Vienna
Michael Harris, London
Tadashi Hasegawa, Nagoya
Naoya Hirabayashi, Tokyo
Martin Holland, Sale
Bodo Igesz, New York
Richard Igler, Vienna
Shiro Kawai, Tokyo

Andrew Keener, New Malden
Koji Kinoshita, Osaka
Detlef Kissmann, Solingen
John Larsen, Mariager
Elisabeth Legge-Schwarzkopf DBE, Zürich
John Mallinson, Hurst Green
Carlo Marinelli, Rome
Finn Moeller Larsen, Virum
Philip Moores, Stafford
Bruce Morrison, Gillingham
W. Moyle, Ombersley
Alan Newcombe, Hamburg
Hugh Palmer, Chelmsford
Jim Parsons, Sutton Coldfield
Laurence Pateman, London
James Pearson, Vienna
Johann Christian Petersen, Hamburg
Tully Potter, Billericay
Patrick Russell, Calstock
Yves Saillard, Mollie-Margot
Neville Sumpter, Northolt
Yoshihiko Suzuki, Tokyo
H.A. Van Dijk, Apeldoorn
Mario Vicentini, Cassano Magnago
Hiromitsu Wada, Chiba
Urs Weber, St Gallen
Nigel Wood, London
G. Wright, Romford
Ken Wyman, Brentwood

KATALOG 1961

AUS OPER
UND
KONZERT

1956

DEUTSCHE GRAMMOPHON GESELLSCHAFT MBH
HANNOVER

Title pages from DG catalogues/opposite: standard DG LP cover of the mid 1950s (vertical central panel in yellow)

# Deutsche Grammophon Gesellschaft

LUDWIG VAN BEETHOVEN

## Symphony No. 7
A major, Opus 92

The Berlin Philharmonic Orchestra
*Conductor: Eugen Jochum*

LONG PLAYING RECORD

33 ⅓

LUDWIG VAN BEETHOVEN · SYMPHONY NO. 7, A MAJOR, OPUS 92

## conductors on the yellow label

The collecting of stereophonic LP records from the golden sixties and seventies has long been a consuming passion among audiophiles, not to mention a lucrative business for the dealers who advertise prime specimens for sale in the classified advertisement sections of the specialist magazines. One of the reasons for this blossoming trade is that CD re-issues of those recordings do not capture the bloom and depth of the originals.

I may be in a minority in finding the blend of monophonic sound more natural and homogeneous than the "glare" of stereo. Certainly, a company like EMI boasts a sizeable and successful back catalogue of historic mono recordings which are acknowledged as classics of the gramophone.

The present discography focusses on the mono recordings of another company, starting at the end of the shellac era but progressing well into the LP period: Deutsche Grammophon possesses a back catalogue which in my view has been unjustifiably neglected by our historically aware generation of collectors. And whilst 100 years have passed since the Deutsche Grammophon Gesellschaft entered into the business of music reproduction in tandem with the English Gramophone Company, far less attention has been paid to the full half-century which DG has chalked up since assuming its fully independent status after the total destruction of World War II.

Although the familiar "His Master's Voice" logo had continued in intermittent use on labels of the German company (for domestic use only) until as late as 1943, Polydor had already emerged as that company's export label in 1924, whilst a 1927 agreement had licensed their matrices to the American Brunswick/Decca company (American Decca was to issue DG product well into the LP era). Deutsche Grammophon became a limited company in 1937 (Deutsche Grammophon GmbH). From 1938 their most prestigious classical recordings, including those with the young Herbert von Karajan, appeared on the label "Grammophon Spezial". With financial support from the Siemens company (hence the label "Siemens-Spezial") recording sessions had continued after commencement of hostilities in centres such as Amsterdam and Turin in addition to those in the German capital.

Any losses of matrices and documentation material during World War II were to a certain extent compensated for by the introduction of magnetophone tape. Already developed and in use before and during the war for purposes which included radio broadcasting, this became available from 1946 to assist Deutsche Grammophon in building up a new catalogue. Conventional 78 rpm discs were followed by the new 33 1/3rpm (10" and 12" LPs) and 45 rpm (7" EPs) in 1951 and 1953 respectively. Before that, however, a development peculiar to the German company had been the 1949 introduction of "Variable Rillenführung" (translated as Variable Micrograde), which had increased the playing potential of the shellac 78 from five to nine minutes per side.

For various reasons in the difficult period of Germany's rehabilitation from 1945 onwards, many prominent musicians were not available to Deutsche Grammophon. The victors had stepped in quickly, EMI's Walter Legge signing up both Wilhelm Furtwängler and Herbert von Karajan. Figures like Böhm, Krips, Krauss, Knappertsbusch and Schuricht were likewise committed to Decca's own ambitious LP programme. Böhm did some work for DG (presumably through his old connections with the Dresden Staatskapelle), and both he and his colleague Jochum were to become stalwarts of DG's stereo catalogue. Böhm's recordings are not included in this discography, but Jochum's are - in view of his sizeable contribution to DG's mono catalogue.

However it was the Hungarian-born Ferenc Fricsay, conductor of Berlin's Radio (RIAS) Orchestra, who was generally regarded at the time as the label's leading conductor with his widening of the repertoire for the new medium of LP. Another foreigner, Igor Markevitch, participated to a lesser degree, and both of them carried on recording for DG into the stereo period.

The real onus of the work (the bread and butter recordings, for want of a better term) fell to two German-born conductors who, in quantity of output, far outstripped their cosmopolitan counterparts. I refer to Fritz Lehmann and Ferdinand Leitner. Both had been recording artists in the days of the German Reich (Leitner mainly as a piano accompanist to singers), but they now returned to play a vital part in the building of DG's immediate post-war catalogue, rather in the style of the old "house conductors" in the shellac era (Frieder Weissman and Bruno Seidler-Winkler). Leitner was actually responsible for DG's first-ever complete opera recording, Lortzing's "Zar und Zimmermann". The work of Leitner and Lehmann and that of a handful of other conductors for the yellow label in this period - Franz Konwitschny, Leopold Ludwig and Artur Rother - is, I think, being documented here for the first time.

Although recordings by these artists which they made for the company before 1945 are included in the listings, the work which yellow-label conductors undertook for rival companies is not (only Fricsay was an entirely exclusive DG artist, a situation which may have changed had it not been for his early death). The emphasis is very much on the label itself and the role which it played in setting the reputation of the Deutsche Grammophon Gesellschaft.

Label and trademark for DG's classical recordings were conceived in 1949 by Hans Domizlaff. The logo "Deutsche Grammophon Gesellschaft" appeared on a label of yellow which was surrounded by stylised tulips (a variant of the tulip appeared above the words DGG on LP and EP covers). The circle of tulips was calculated to serve as a stroboscope: when played on a turntable revolving at the precisely correct speed, the tulips would appear to be motionless. The stroboscope surround and the word "Gesellschaft" disappeared from labels around 1972, but in most respects the company has retained a continuity in the presentation of its product which other major record companies have not even attempted to emulate. I recall, for example, during a brief period in the early sixties when I worked for one of those other companies, how their art department was constantly coming up with variants on logo and design with a resulting problem of identification for the purchasers of the records.

Nowhere is the above-mentioned continuity of concept more clearly illustrated than in the development from DG's original LP covers. These consisted of a cream-coloured gatefold into which the polythene inner sleeve was sewn. The front had a central yellow panel from top to bottom, overprinted with the logo and title and artist details, topped with an enlarged facsimile of the composer's autograph. The drawback of these covers was their limited durability (perhaps because they were not laminated) so that the chance of finding copies in pristine condition in second-hand LP racks is small. In due course designer Gerhard Noack and his team began to design and commission graphic or photographic reproductions, relegating the title information to a prominent yellow-based panel at the top of the design. This still retained the feel of tasteful reticence. Later, in the stereo era and even more with CD, came the temptation to jazz-up the images and to conform with marketing concepts from outside the classical music field. Thank goodness that these have at least been partially resisted in this age of standardised mediocrity.

Particular scope for tasteful design came with the covers for 7" EPs, where the dominant yellow panel occupied almost a third of the total space. A selection of these are reproduced in this volume, although of course black-and-white can only capture the approximate flavour of these miniature works of art.

Deutsche Grammophon published its first comprehensive catalogue in 1948 and during the fifties was responsible for a sequence of quality hard-backed volumes which still grace collectors' bookshelves today with their well-illustrated and scholarly layout.

From the collector's point of view there seems to have been one weakness in the company's organisation. Probably for economic reasons in the austere years of immediate post-war Germany, the company was so anxious to have its product exported that it left pressing and presentation to the importers in the overseas territory. One comes across many EPs and LPs which were manufactured under licence in England by the Heliodor Record Company (not to mention specimens from France or South Africa) which in pressing quality and cover design are a travesty of the original product. Not to mention the tasteless packaging adopted by American Decca for its own market. It was indeed a pity that traditional German thoroughness could not at that time include supervision of the overseas marketing, especially as these poor imitations were for many foreign gramophiles their very first experience of the yellow label.

When pressure came in the sixties for cheap-label reissues of its original mono recordings, DG made several attempts to meet the demand. Design was again low-key but without the elegance of the full-price product. Once again, pressing and marketing outside Germany was left to the local manufacturers, with only a token acknowledgement of the original presentation concept. Like Decca, DG was tempted to subject its beautiful mono recordings to "stereophonic transcription", a byword for horrific disfigurement of the original sound. No wonder that most of these reissue series enjoyed only limited success. However, when examining a second-hand copy for prospective purchase, it is worth checking carefully because some titles were left in mono sound and not subjected to stereophonic transcription.

In addition to their laudable policy of recording operatic arias with a particular singer both in the original language and in a German version for the domestic market (I have previously listed many instances in singer discographies like those of Rita Streich and Walther Ludwig), DG produced a lengthy series of operatic highlights (or "Querschnitte", because they were almost always sung in the vernacular). The purchaser of a "Querschnitt" from Meistersinger, Freischütz or Faust might have assumed that he was acquiring a selection which had been recorded as an entity. In fact the material was cobbled together from sessions recorded in different venues and with different accompaniments. As an example, the Freischütz Querschnitt (LPEM 19013) featured, in addition to the singers of four principal roles, three different conductors and no less than five different orchestras (the recording venues for this particular compilation were Berlin, Bamberg, Munich and Stuttgart). The original LP did not even state which orchestra and conductor were responsible for any particular track, although the situation did improve for certain bargain-label reissues. It is therefore necessary, when cataloguing such a recording, to list each musical number as a separate unit.

I have made a number of criticisms in this introduction but that does not lessen my esteem of the musical quality of DG's mono catalogue. The comparatively small number of reissues for CD so far (for example, Jochum's set of the four Brahms symphonies, some Fricsay material and Lehmann's set of Handel Concerti grossi on DG Resonance) demonstrate how the recordings can gain a new lease of life without any undesirable brightening of the original sound.

To conclude, a word about the various category prefixes. For 78 rpm records the prefixes which continued to be in use after 1945 were E and L (10") and EM and LM (12"). The variable micrograde (longer-play 78s) were prefixed LV (10") and LVM (12"). For 45 rpm records the main prefixes were EPL and NL, the latter being shorter-play discs equivalent to the previous standard 78. In the LP categories the main 12" series were LPM (18000) and LPEM (19000), the 10" series LP (16000) and LPE (17000). In the early days of their marketing in Great Britain, LPM and LPEM series were conflated into a single prefix, DGM; LP and LPE became simply DG. Throughout the microgroove era, separate prefixes applied to DG's Archiv series of early music recordings, but the only such recordings covered in this discography are the Bach and Handel performances by Fritz Lehmann.
When we come to stereo recordings

(Fricsay, Jochum, Markevitch and Leitner) and all CD reissues of DG material, I have adopted my standard procedure in discographies of listing the catalogue numbers in a continuous block but separated by "/".

The compiling of this discography would not have been possible without considerable input from Alan Newcombe. With great energy and patience he has researched recording details, and my debt of gratitude to him is enormous.

If I may conclude on a personal note, I would like to recommend some titles for investigation, should you come across them in second-hand bins. You will find that they represent DG's mono LP sound at its best - mellow, perfectly balanced and warmly, but not excessively, reverberant. To illustrate how a German orchestra and conductor can be at home in repertory far removed from their standard domain, sample Fritz Lehmann and the Berlin Philharmonic in Falla's two popular ballet suites (LPM 18 177 or LPEM 19 044); Leopold Ludwig directing the Dresden Staatskapelle in a fine rendering of Mahler's Fourth Symphony (LPM 18 359 - and already reissued on Berlin Classics); Mendelssohn's Scotch Symphony played by the Bamberg Symphony Orchestra under Ferdinand Leitner (LPM 18 207); Igor Markevitch and the Berlin Philharmonic in Tchaikovsky's "Pathétique" (LPM 18 193), already containing characteristics of that conductor's more famous version with the LSO; finally, it must only be a matter of time before DG's Originals series reissues the two brilliant Tchaikovsky Piano Concerto recordings made by Shura Cherkassky (LPM 18 013 and LPM 18 292).

## SCHALLPLATTEN-PREISE
### Gültig ab 1. Oktober 1956

| | Ø cm | Grammophon | Archiv | Polydor | Alter Preis DM | Neuer Preis DM |
|---|---|---|---|---|---|---|
| Langspielplatte 33 UPM | 25 | LPE | — | — | 15.50 | 12.— |
| | | — | — | LPH | — | 15.50 |
| | | LP | AP | — | 23.— | 17.— |
| | 30 | LPEM | — | — | 24.— | 19.— |
| | | LPM | APM | — | 32.— | 24.— |
| Langspielplatte 45 UPM | 17 | — | — | EPH | — | 7.50 |
| | | EPL | — | — | — | 8.— |
| | | — | EPA | — | — | 9.— |
| Normsp.-Pl. 45 UPM | 17 | — | — | NH | — | 4.— |
| | | NL | — | KN | — | 5.— |
| Langspielplatte 78 UPM | 25 | LV | — | — | — | 7.— |
| | | LVMe* | AVMe* | — | — | 5.25 |
| | 30 | — | — | HVM | — | 8.— |
| | | LVM | AVM | — | — | 10.— |
| Normalspielplatte 78 UPM | 25 | — | — | H | — | 4.— |
| | | L | — | K | — | 5.— |
| | 30 | — | — | HM | — | 6.— |
| | | LM | AM | — | — | 7.50 |

## SONDERPREISE

| | | |
|---|---|---|
| Faust I (Goethe) | — | 69.— |
| Kabale u. Liebe (Schiller) | — | 69.— |
| Nathan der Weise (Lessing) | — | 46.— |
| Johannes-Passion (Bach) | 84.— | 72.— |
| Requiem (Mozart) | 56.— | 48.— |
| Die Schöpfung (Haydn) | 84.— | 72.— |
| 3 Mozart-Sonderalben | je 56.— | je 48.— |
| Friedrich Schiller | — | 39.— |

* e = einseitig bespielte Platten

# Fritz Lehmann
# 1904-1956

# JOSEPH HAYDN

Sinfonie Nr. 45 fis-moll
(Abschieds-Sinfonie)
Symphony No 45 in F sharp minor (Farewell)
Symphonie n° 45 en fa dièse mineur (Les Adieux)

Sinfonie Nr. 94 G-dur
(Mit dem Paukenschlag)
Symphony No 94 in G major · Surprise)
Symphonie n° 94 en sol majeur (du coup de timbale)

*Deutsche Grammophon Gesellschaft*

Berliner Philharmoniker · Dirigent: Fritz Lehmann

LPM 18397 33 HI-FI

**ADOLPHE ADAM (1803-1856)**

si j'étais roi, overture

| | | |
|---|---|---|
| Bamberg<br>10 August<br>1952 | Bamberg SO | 78: LVM 72 257<br>45: EPL 30 146<br>LP: LP 16 036/LPE 17 033/478 098<br>LP: Decca (USA) DL 4046 |

## DANIEL FRANCOIS AUBER (1782-1871)

**le domino noir, overture**

| | | |
|---|---|---|
| Munich<br>5 February<br>1951 | Munich PO | 78: LVM 72 087<br>LP: LP 16 036/LPE 17 033/478 098 |

**fra diavolo, overture**

| | | |
|---|---|---|
| Munich<br>2 January<br>1951 | Munich PO | 78: LVM 72 087<br>45: EPL 30 203<br>45: Decca (USA) ED 3518<br>LP: LP 16 036/LPE 17 033/478 098<br>LP: Decca (USA) DL 4003 |

**fra diavolo, excerpt (pour toujours, disait-elle)**

| | | |
|---|---|---|
| Munich<br>26 July<br>1951 | Munich PO<br>W.Ludwig<br><u>Sung in German</u> | DG unpublished |
| Munich<br>22 October<br>1951 | Bavarian<br>State Orchestra<br>W.Ludwig<br><u>Sung in German</u> | 78: LV 36 057<br>45: EPL 30 007 |

**la muette de portici, overture**

| | | |
|---|---|---|
| Bamberg<br>11 August<br>1952 | Bamberg SO | 78: LVM 72 257<br>45: EPL 30 146<br>LP: 478 131 |

## JOHANN SEBASTIAN BACH (1685-1750)

### concerto for violin and orchestra bwv 1042

| | | |
|---|---|---|
| Berlin<br>1-2<br>October<br>1951 | BPO<br>Varga | LP: APM 14 050 |

### weihnachtsoratorium

| | | |
|---|---|---|
| Berlin<br>3-10<br>August<br>1955 | BPO<br>Motettenchor<br>RIAS Choir<br>G.Weber, Wagner,<br>Krebs, Rehfuss | LP: APM 14 051-14 053/<br>APM 14 101-14 103/89 700-89 702/<br>2701 004<br>Excerpts<br>45: EPA 37 075/EPA 37 175/<br>EPA 37 187/EPA 37 196<br>LP: 89 699   *LPEM 19212*<br>Parts 5 and 6 of the oratorio conducted<br>by Arndt following Lehmann's death |

### cantata no 1 "wie schön leuchtet der morgenstern"

| | | |
|---|---|---|
| Berlin<br>10 June<br>1952 | BPO<br>Motettenchor<br>G.Weber,<br>Krebs, Schey | LP: AP 13 018/APM 14 079<br>LP: Decca (USA) DL 9671<br>CD: 445 0582 |

### cantata no 4 "christ lag in todesbanden"

| | | |
|---|---|---|
| Göttingen<br>31 July-<br>2 August<br>1950 | Göttingen<br>Bach Orchestra<br>Frankfurt<br>Hochschule Choir<br>Krebs,<br>Fischer-Dieskau | LP: APM 14 046/APM 14 079<br>LP: Decca (USA) DL 7523<br>CD: 449 7562 |

**18** Lehmann

**cantata no 19 "es erhub sich ein streit"**

| | | |
|---|---|---|
| Berlin | BPO | LP: APM 14 005 |
| 9 June | Motettenchor | LP: Decca (USA) DL 9671 |
| 1952 | G.Weber, | |
| | Krebs, Schey | |

**cantata no 21 "ich hatte viel bekümmernis"**

| | | |
|---|---|---|
| Berlin | BPO | LP: APM 14 007 |
| 11 June | Motettenchor | LP: Decca (USA) DL 9673 |
| 1952 | G.Weber, | |
| | Krebs, Schey | |

**cantata no 39 "brich dem hungrigen dein brot"**

| | | |
|---|---|---|
| Berlin | BPO | LP: AP 13 003/APM 14 080 |
| 12 June | Motettenchor | LP: Decca (USA) DL 9672 |
| 1952 | G.Weber, | |
| | L.Fischer, Schey | |

**cantata no 79 "gott der herr ist sonn' und schild"**

| | | |
|---|---|---|
| Berlin | BPO | LP: APM 14 005 |
| 13 June | Motettenchor | LP: Decca (USA) DL 9672 |
| 1952 | G.Weber, | |
| | L.Fischer, Schey | |

cantata no 105 "herr gehe nicht ins gericht"

| Berlin | BPO | LP: AP 13 002/APM 14 080 |
| 15 June | Motettenchor | LP: Decca (USA) DL 9682 |
| 1952 | G.Weber, | |
| | L.Fischer, | |
| | Krebs, Schey | |

cantata no 170 "vergnügte ruh', beliebte seelenlust"

| Munich | Bavarian | LP: APM 14 028 |
| 24-26 | State Orchestra | LP: Decca (USA) DL 9682 |
| October | Höngen | CD: DG 457 9732 |
| 1951 | | |

cantata no 189 "meine seele rühmt und preist"

| Munich | Instrumentalists | 78: AVM 2427-2428 |
| 3 August | W.Ludwig | LP: APM 14 028 |
| 1951 | | LP: Decca (USA) DL 9619 |

## LUDWIG VAN BEETHOVEN (1770-1827)

**symphony no 2**

| | | |
|---|---|---|
| Berlin<br>13-16<br>February<br>1953 | BPO | 78: LVM 72 342-72 344<br>LP: LP 16 059/LPM 18 477/<br>478 082/89 855 |

**choral fantasia**

| | | |
|---|---|---|
| Berlin<br>13-20<br>April<br>1955 | BPO<br>Motettenchor<br>RIAS Choir<br>Foldes | LP: LPE 17 191/LPM 18 234/<br>478 439/89 855 |

**coriolan, overture**

| | | |
|---|---|---|
| Berlin<br>7 November<br>1952 | BPO | 45: EPL 30 122<br>LP: LPE 17 072/LPM 18 234/478 139<br>LP: Decca (USA) DL 4068 |

**leonore no 3, overture**

| | | |
|---|---|---|
| Berlin<br>8-9<br>January<br>1954 | BPO | DG unpublished |
| Berlin<br>25 May<br>1954 | BPO | 78: LVM 72 455<br>45: EPL 30 066<br>LP: LPE 17 072/LPM 18 234/LPM 18 477/<br>478 082/478 139 |

## VINCENZO BELLINI (1801-1835)

**norma,** overture

| | | |
|---|---|---|
| Bamberg<br>3 March<br>1953 | Bamberg SO | 45: EPL 30 016<br>LP: LP 16 062/LPE 17 039/478 098<br>LP: Decca (USA) DL 4089 |

## GEORGES BIZET (1838-1875)

**symphony** in c

| | | |
|---|---|---|
| Munich<br>12-14<br>March<br>1956 | Bamberg SO | LP: LPE 17 197/LPM 18 324/478 153 |

## FRANCOIS BOIELDIEU (1775-1834)

**le calif de bagdad,** overture

| | | |
|---|---|---|
| Bamberg<br>9 August<br>1952 | Bamberg SO | 78: LVM 72 279<br>45: EPL 30 068<br>LP: LP 16 036/LPE 17 033/478 098<br>LP: Decca (USA) DL 4046 |

**la dame blanche,** overture

| | | |
|---|---|---|
| Bamberg<br>27 October<br>1952 | Bamberg SO | 78: LVM 72 279<br>45: EPL 30 068<br>LP: 478 131<br>LP: Decca (USA) DL 4069 |

## ALEXANDER BORODIN (1833-1887)

### prince igor, overture

| | | |
|---|---|---|
| Bamberg<br>28 October<br>1952 | Bamberg SO | 45: NL 32 046<br>LP: Decca (USA) DL 4069 |

## JOHANNES BRAHMS (1833-1897)

### tragic overture

| | | |
|---|---|---|
| Berlin<br>18 June<br>1952 | BPO | LP: LP 16 024/LPEM 19 154/478 401<br>LP: Decca (USA) DL 4048 |

### ein deutsches requiem

| | | |
|---|---|---|
| Berlin<br>28 January-<br>20 April<br>1955 | BPO<br>Motettenchor<br>St.Hedwig's Choir<br>Stader, Wiener | LP: LPM 18 238-18 239/<br>    LPM 18 258-18 259/89 696-89 697<br>LP: Decca (USA) DX 136<br>CD: 457 7102 |

### schicksalslied

| | | |
|---|---|---|
| Berlin<br>28 December<br>1954 | BPO<br>Motettenchor | LP: LPEM 19 046 |

## EMMANUEL CHABRIER (1841-1894)

### espana

| | | |
|---|---|---|
| Bamberg<br>1 March<br>1953 | Bamberg SO | 78: LVM 72 352<br>45: EPL 30 004<br>LP: Decca (USA) DL 9775 |

## FREDERIC CHOPIN (1810-1849)

### piano concerto no 2

| | | |
|---|---|---|
| Berlin<br>26-29<br>June<br>1952 | BPO<br>Askenase | 78: LVM 72 228-72 230<br>LP: LPE 17 174/LPM 18 040/478 086 |

### nocturne in c sharp minor, arranged for cello and piano by mainardi

| | | |
|---|---|---|
| Munich<br>20 October<br>1951 | Mainardi<br>Lehmann, piano | DG unpublished |

## ARCANGELO CORELLI (1653-1713)

### concerto grosso op 6 no 1

| | | |
|---|---|---|
| Munich<br>24 October<br>1951 | Bavarian<br>State Orchestra | 45: EPA 37 018<br>LP: AP 13 064/89 592/89 797 |

## CLAUDE DEBUSSY (1862-1918)

**prélude à l'après-midi d'un faune**

| | | |
|---|---|---|
| Berlin<br>9-10<br>January<br>1954 | BPO | 45: EPL 30 311<br>LP: LP 16 091/LPEM 19 154/<br>    478 401/89 815 |

## LEO DELIBES (1836-1891)

**coppélia, ballet suite**

| | | |
|---|---|---|
| Munich<br>28 February-<br>3 March<br>1954 | Bamberg SO | LP: LP 16 095/LPE 17 040/LPX 29 255/<br>    478 083/89 643 |

**sylvia, ballet suite**

| | | |
|---|---|---|
| Munich<br>19-20<br>July<br>1951 | Munich PO | LP: LPM 18 007/LPEM 19 026/LPX 29 255/<br>    LPX 29 322/89 643<br><u>Excerpts</u><br>45: EPL 30 004 |

## GAETONO DONIZETTI (1797-1848)

### don pasquale, overture

| Munich<br>1-6<br>February<br>1954 | Bavarian<br>Radio Orchestra | LP: LPE 17 053 |

### don pasquale, excerpt (bella siccome un angelo)

| Munich<br>1-6<br>February<br>1954 | Bavarian<br>Radio Orchestra<br>Schmitt-Walter<br>Sung in German | LP: LPE 17 053 |

### don pasquale, excerpt (ah un foco insolito)

| Munich<br>24 April<br>1955 | Bavarian<br>Radio Orchestra<br>Streich | 45: EPL 30 225<br>LP: LPEM 19 137 |

| Munich<br>24 April<br>1955 | Bavarian<br>Radio Orchestra<br>Streich<br>Sung in German | 45: EPL 30 275<br>LP: LPE 17 053/LPE 17 074 |

### don pasquale, excerpt (so anch'io la virtù magica)

| Munich<br>24 April<br>1955 | Bavarian<br>Radio Orchestra<br>Streich | 45: EPL 30 225<br>LP: LPEM 19 137/413 8241<br>CD: 435 7482 |

| Munich<br>24 April<br>1955 | Bavarian<br>Radio Orchestra<br>Streich<br>Sung in German | 45: EPL 30 275<br>LP: LPE 17 053/LPE 17 074 |

**don pasquale, excerpt (che interminabile)**

| | | |
|---|---|---|
| Munich<br>1-6<br>February<br>1954 | Bavarian Radio<br>Orchestra & Chorus<br>Sung in German | 45: EPL 30 204<br>LP: LPE 17 053/LPEM 19 048 |

**don pasquale, excerpt (comè gentil)**

| | | |
|---|---|---|
| Munich<br>23 April<br>1955 | Bavarian<br>Radio Orchestra<br>Wehofschitz | 45: EPL 30 476/NL 32 113 |
| Munich<br>23 April<br>1955 | Bavarian<br>Radio Orchestra<br>Wehofschitz<br>Sung in German | 45: NL 32 112<br>LP: LPE 17 053 |

**don pasquale, excerpt (tornami a dir)**

| | | |
|---|---|---|
| Munich<br>25 April<br>1955 | Bavarian<br>Radio Orchestra<br>Streich,<br>Wehofschitz | 45: EPL 30 476/NL 32 113 |
| Munich<br>25 April<br>1955 | Bavarian<br>Radio Orchestra<br>Streich,<br>Wehofschitz<br>Sung in German | 45: EPL 30 475/NL 32 112<br>LP: LPE 17 053 |

LPE 17 053 was a Don Pasquale Querschnitt

## ANTONIN DVORAK (1841-1904)

**symphony no 8**

| | | |
|---|---|---|
| Bamberg<br>6-7<br>March<br>1953 | Bamberg SO | LP: LPM 18 141/478 434/89 692 |

**serenade for strings**

| | | |
|---|---|---|
| Munich<br>10-12<br>February<br>1955 | Bamberg SO | LP: LPE 17 050/LPX 29 319/89 822 |

**cello concerto**

| | | |
|---|---|---|
| Berlin<br>24-31<br>January<br>1955 | BPO<br>Mainardi | LP: LPM 18 236/478 442/89 520 |

**slavonic rhapsody no 2**

| | | |
|---|---|---|
| Bamberg<br>11 February<br>1952 | Bamberg SO | 78: LM 93 162/LM 93 182<br>LP: LP 16 037/LPE 17 195/<br>    LPEM 19 070/478 130<br>LP: Decca (USA) DL 4018 |

**slavonic rhapsody no 3**

| | | |
|---|---|---|
| Bamberg<br>11 February<br>1952 | Bamberg SO | LP: LP 16 037/LPE 17 195/LPEM 19 070/<br>    478 130/89 844<br>LP: Decca (USA) DL 4018 |

## MANUEL DE FALLA (1876-1946)

### el amor brujo, ballet suite

| | | |
|---|---|---|
| Berlin<br>7-10<br>March<br>1954 | BPO<br>Eustrati | LP: LPM 18 177/LPEM 19 044/89 815<br>LP: Decca (USA) DL 9775 |

### el sombrero de 3 picos, ballet suite

| | | |
|---|---|---|
| Berlin<br>10-14<br>February<br>1954 | BPO | LP: LPM 18 177/LPEM 19 044/89 815<br>LP: Decca (USA) DL 9775 |

## CESAR FRANCK (1822-1890)

### symphony in d minor

| | | |
|---|---|---|
| Munich<br>28 February-<br>3 March<br>1954 | Bamberg SO | LP: LPM 18 188/478 448 |

## MIKHAIL GLINKA (1804-1857)

### ruslan and lyudmila, overture

| | | |
|---|---|---|
| Bamberg<br>8 August<br>1952 | Bamberg SO | 45: EPL 30 020<br>LP: Decca (USA) DL 4063 |

## CHRISTOPH WILLIBALD GLUCK (1714-1787)

### alceste, overture

| | | |
|---|---|---|
| Berlin<br>10 November<br>1952 | BPO | 78: LV 36 073<br>45: EPL 30 122<br>LP: 89 504<br>LP: Decca (USA) DL 4075 |

### melody in d, arranged for cello and piano

| | | |
|---|---|---|
| Munich<br>20 October<br>1951 | Mainardi<br>Lehmann, piano | DG unpublished |

## CHARLES GOUNOD (1818-1893)

### faust, ballet music

| | | |
|---|---|---|
| Munich<br>17-23<br>July<br>1951 | Munich PO | 78: LVM 72 103-72 104<br>45: EPL 30 312<br>LP: LPM 18007/LPEM 19 026/<br>    LPX 29 332/478 153 |

### faust, waltz

| | | |
|---|---|---|
| Munich<br>17-23<br>July<br>1951 | Munich PO | 78: LVM 72 104<br>45: EPL 30 029<br>LP: LPM 18 007/LPEM 19 026/<br>    LPX 29 322/478 153 |
| Munich<br>19-20<br>June<br>1955 | Bamberg SO | LP: LPE 17 133 |

TCHAIKOVSKY **Nutcracker Suite, Op. 71a**
Overture miniature · Marche
Flower Waltz

MUNICH PHILHARMONIC ORCHESTRA · FRITZ LEHMANN

Deutsche
Grammophon
Gesellschaft

EPL 30003

WOLFGANG AMADEUS MOZART

## Ouvertüren zu den Opern

| | |
|---|---|
| Idomeneo | Cosi fan tutte |
| Die ntführung aus dem Serail | Der Schauspieldirekt r |
| Figaros Hochzeit | Titus |
| Don Giovanni | Die Zauberflöte |

Berliner Philharmonisches Orchester
Dirigent: Fritz Lehmann

33 1/3

## ALESSANDRO GRAZIOLI (1770-1834)

adagio in a minor, arranged for cello and piano by pick-mangigalli

| | | |
|---|---|---|
| Munich<br>14 October<br>1951 | Mainardi<br>Lehmann, piano | DG unpublished |

## EDVARD GRIEG (1843-1907)

**symphonic dance no 1**

| | | |
|---|---|---|
| Munich<br>14-15<br>March<br>1956 | Bamberg SO | LP: LPM 18 324/478 099 |

**symphonic dance no 3**

| | | |
|---|---|---|
| Munich<br>14-15<br>March<br>1956 | Bamberg SO | LP: LPM 18 324/478 099 |

## GEORGE FRIDERIC HANDEL (1685-1759)

### water music

| | | |
|---|---|---|
| Berlin<br>27-29<br>June<br>1951 | BPO | 78: AVM 7401-7403<br>LP: APM 14 006/89 766<br>LP: Decca (USA) DL 9594 |

### music for the royal fireworks

| | | |
|---|---|---|
| Berlin<br>9-10<br>November<br>1952 | BPO | LP: AP 13 012<br>LP: Decca (USA) DL 9696 |

### concerto grosso op 6 no 1

| | | |
|---|---|---|
| Bamberg<br>14 May-<br>26 October<br>1952 | Bamberg SO | 45: EPA 37 072<br>LP: AP 13 010/APM 14 091-14 094/<br>    APM 14291/89 732<br>LP: Decca (USA) DX 126<br>CD: 445 0722 |

### concerto grosso op 6 no 2

| | | |
|---|---|---|
| Bamberg<br>14 May-<br>26 October<br>1952 | Bamberg SO | 45: EPA 37 088<br>LP: AP 13 010/APM 14 091-14 094/<br>    APM 14 291/89 732<br>LP: Decca (USA) DX 126<br>CD: 445 0722 |

### concerto grosso op 6 no 3

| | | |
|---|---|---|
| Bamberg<br>14 May-<br>26 October<br>1952 | Bamberg SO | 45: EPA 37 106<br>LP: AP 13 011/APM 14 091-14 094/<br>    APM 14 291/89 732<br>LP: Decca (USA) DX 126<br>CD: 445 0722 |

**concerto grosso op 6 no 4**

| | | |
|---|---|---|
| Bamberg<br>14 May-<br>26 October<br>1952 | Bamberg SO | 45: EPA 37 117<br>LP: AP 13 011/APM 14 091-14 094/<br>    APM 14 291/89 732<br>LP: Decca (USA) DX 126<br>CD: 445 0722 |

**concerto grosso op 6 no 5**

| | | |
|---|---|---|
| Bamberg<br>14 May-<br>26 October<br>1952 | Bamberg SO | 45: EPA 37 040<br>LP: APM 14 013/APM 14 091-14 094/<br>    APM 14 292/89 733<br>LP: Decca (USA) DX 126<br>CD: 445 0722 |

**concerto grosso op 6 no 6**

| | | |
|---|---|---|
| Bamberg<br>14 May-<br>26 October<br>1952 | Bamberg SO | LP: APM 14 013/APM 14 091-14 094/<br>    APM 14 292/89 733<br>LP: Decca (USA) DX 126<br>CD: 445 0732 |

**concerto grosso op 6 no 7**

| | | |
|---|---|---|
| Bamberg<br>14 May-<br>26 October<br>1952 | Bamberg SO | 45: EPA 37 053<br>LP: APM 14 014/SPM 14 091-14 094/<br>    APM 14 293/89 760<br>LP: Decca (USA) DX 126<br>CD: 445 0732 |

**concerto grosso op 6 no 8**

| | | |
|---|---|---|
| Bamberg<br>14 May-<br>26 October<br>1952 | Bamberg SO | LP: APM 14 014/APM 14 091-14 094/<br>    APM 14 293/89 760<br>LP: Decca (USA) DX 126<br>CD: 445 0732 |

**concerto grosso op 6 no 9**

| | | |
|---|---|---|
| Bamberg<br>14 May-<br>26 October<br>1952 | Bamberg SO | LP: APM 14 015/APM 14 091-14094/<br>    APM 14 293/89 760<br>LP: Decca (USA) DX 126<br>CD: 445 0732 |

**concerto grosso op 6 no 10**

| | | |
|---|---|---|
| Bamberg<br>14 May-<br>26 October<br>1952 | Bamberg SO | LP: APM 14 015/APM 14 091-14 094/<br>    APM 14 294/89 761<br>LP: Decca (USA) DX 126<br>CD: 445 0742 |

**concerto grosso op 6 no 11**

| | | |
|---|---|---|
| Bamberg<br>14 May-<br>26 October<br>1952 | Bamberg SO | LP: APM 14 016/APM 14 091-14 094/<br>    APM 14 294/89 761<br>LP: Decca (USA) DX 126<br>CD: 445 0742 |

**concerto grosso op 6 no 12**

| | | |
|---|---|---|
| Bamberg<br>14 May-<br>26 October<br>1952 | Bamberg SO | LP: APM 14 016/APM 14 091-14 094/<br>    APM 14 294/89 761<br>LP: Decca (USA) DX 126<br>CD: 445 0742 |

## FRANZ JOSEF HAYDN (1732-1809)

**symphony no 45 "farewell"**

| | | |
|---|---|---|
| Berlin<br>26 May<br>1954 | BPO | LP: LPM 18 194/LPM 18 397/478 402 |

**symphony no 94 "surprise"**

| | | |
|---|---|---|
| Berlin<br>14-16<br>August<br>1950 | BPO | 78: LVM 72 039-72 040<br>LP: LP 16 012/LPM 18 397/<br>478 402/89 799<br>LP: Decca (USA) DL 9617 |

**cello concerto in d**

| | | |
|---|---|---|
| Berlin<br>30 June<br>1952 | BPO<br>Mainardi | LP: LP 16 023/LPM 18 222/89 770<br>LP: Decca (USA) DL 7536 |

**string quartet op 76 no 3, arrangement of second movement**

| | | |
|---|---|---|
| Bamberg<br>13 August<br>1952 | Bamberg SO | DG unpublished |

**ENGELBERT HUMPERDINCK (1854-1921)**

**hänsel und gretel**

| | | |
|---|---|---|
| Munich<br>2-10<br>October<br>1953 | Munich PO<br>and Chorus<br>Streich, Litz,<br>Schech, Günter | LP: LPM 18 217-18 218/<br>　　LPM 18 215-18 216/89 751-89 752/<br>　　2700 008<br>CD: 435 4612<br><u>Excerpts</u><br>45: EPL 30 138/EPL 30 456/<br>　　NL 32 092/32 108<br>LP: LPE 17 100/LPEM 19 407<br>CD: 445 0692<br><u>Excerpt also issued on Preiser CD 91023</u> |

**hänsel und gretel, knusperwalzer**

| | | |
|---|---|---|
| Munich<br>20 June<br>1955 | Bamberg SO | 78: LM 93 192/LM 93 213<br>LP: LPE 17 133 |

**ERICH WOLFGANG KORNGOLD (1897-1957)**

**die tote stadt, walzerlied**

| | | |
|---|---|---|
| Munich<br>22 June<br>1955 | Bamberg SO | 45: NL 32 127 |

**EDUARD KREMSER (1838-1914)**

**wir treten zum beten/dankgebet**

| | | |
|---|---|---|
| Bamberg<br>10 August<br>1952 | Bamberg SO | DG unpublished |

38  Lehmann

## JULES MASSENET (1842-1912)

**manon, excerpt (en fermant les yeux)**

| | | |
|---|---|---|
| Munich | Munich PO | 45: EPL 30 292 |
| 23 April | Anders | LP: LPE 17 091/88 018 |
| 1954 | Sung in German | |

## GIACOMO MEYERBEER (1791-1864)

**l'africaine, excerpt (fille des rois!)**

| | | |
|---|---|---|
| Munich | Bavarian | 78: L 62 934 |
| 6 October | Radio Orchestra | 45: NL 32 024 |
| 1954 | Metternich | LP: LPE 17 095 |
| | Sung in German | Also reissued on Preiser LP PR 135013 and CD 90125 |

**le prophète, coronation march**

| | | |
|---|---|---|
| Bamberg | Bamberg SO | 45: NL 32 078 |
| 4 March | | LP: LP 16 062/LPE 17 039 |
| 1953 | | LP: Decca (USA) DL 4089 |

## FELIX MENDELSSOHN-BARTHOLDY (1809-1847)

### piano concerto no 1

| | | |
|---|---|---|
| Bamberg<br>25-26<br>May<br>1952 | Bamberg SO<br>Roloff | 78: LVM 72 217-72 218<br>LP: LPM 18 073/478 422/89 769<br>LP: Decca (USA) DL 9652 |

### piano concerto no 2

| | | |
|---|---|---|
| Bamberg<br>27-30<br>May<br>1952 | Bamberg SO<br>Roloff | 78: LVM 72 269-72 270<br>LP: LPM 18 073/478 422/89 769<br>LP: Decca (USA) DL 9652 |

### violin concerto

| | | |
|---|---|---|
| Berlin<br>3 October<br>1951 | BPO<br>Varga | 78: LVM 72 125-72 126<br>LP: LP 16 015/LPX 29 253/<br>LPX 29 308/478 409 |

### hebrides, overture

| | | |
|---|---|---|
| Berlin<br>26 June<br>1951 | BPO | 78: LV 36 012<br>45: EPL 30 445/466 029<br>LP: LPE 17 044/LPX 29 253/LPX 29 308/<br>478 100/89 673<br>LP: Decca (USA) DL 4015 |

### meeresstille glückliche fahrt, overture

| | | |
|---|---|---|
| Berlin<br>6 October<br>1951 | BPO | LP: LPE 17 044/LPX 29 253/LPX 29 308/<br>478 100/89 673<br>LP: Decca (USA) DL 4015 |

## WOLFGANG AMADEUS MOZART (1756-1791)

**symphony no 26**

| | | |
|---|---|---|
| Bamberg<br>12 August<br>1952 | Bamberg SO | 78: LVM 72 234<br>LP: LPM 18 066/89 676<br>LP: Decca (USA) DL 4045 |

**symphony no 32**

| | | |
|---|---|---|
| Bamberg<br>13 August<br>1952 | Bamberg SO | 45: EPL 30 120<br>LP: LPM 18 066/89 676<br>LP: Decca (USA) DL 4045/DL 9766 |

**symphony no 40**

| | | |
|---|---|---|
| Vienna<br>3-4<br>May<br>1953 | VSO | LP: LP 16 114/LPE 17 006/<br>LPX 29 252/478 134 |

**serenade for 13 wind instruments**

| | | |
|---|---|---|
| Berlin<br>7-9<br>March<br>1956 | BPO members | LP: LPM 18 313/LPX 29 331/89 856 |

**flute concerto no 2**

| | | |
|---|---|---|
| Munich<br>16-17<br>March<br>1956 | Bamberg SO<br>Scheck | LP: LPM 18 306 |

**piano concerto no 17**

| | | |
|---|---|---|
| Berlin<br>12-13<br>February<br>1954 | BPO<br>Foldes | LP: LP 16 093/LPE 17 184/LPM 18 457/<br>478 427/89 695/2870 125 |

**piano concerto no 20**

| | | |
|---|---|---|
| Berlin<br>4-6<br>November<br>1954 | Berlin RO<br>Roloff | LP: LP 16 109/479 003 |

**piano concerto no 25**

| | | |
|---|---|---|
| Munich<br>15-18<br>September<br>1950 | Munich PO<br>Seemann | 78: LVM 72 035-72 036<br>LP: LP 16 014/479 011/89 799<br>LP: Decca (USA) DL 9568 |

**piano concerto no 26**

| | | |
|---|---|---|
| Berlin<br>3-5<br>June<br>1953 | BPO<br>Seemann | 78: LVM 72 426-72 428<br>LP: LPM 18 143/478 078/89 716<br>LP: Decca (USA) DL 9631 |

**concerto for 2 pianos and orchestra**

| | | |
|---|---|---|
| Berlin<br>18-20<br>April<br>1955 | BPO<br>Seemann, Foldes | LP: LP 16 125/LPE 17 240/<br>479 005/2535 744 |

## 42  Lehmann

**rondo for piano and orchestra k382**

| | | |
|---|---|---|
| Bamberg<br>28 October<br>1952 | Bamberg SO<br>Seemann | 78: LV 36 064<br>LP: LPM 18 143/478 078/89 716<br>LP: Decca (USA) DL 4079/DL 9631 |

**rondo for piano and orchestra k386**

| | | |
|---|---|---|
| Bamberg<br>29 October<br>1952 | Bamberg SO<br>Seemann | 78: LV 36 075<br>45: NL 32 210<br>LP: Decca (USA) DL 4079 |

**alma grande e nobil core, concert aria**

| | | |
|---|---|---|
| Munich<br>2-3<br>October<br>1954 | Bavarian<br>Radio Orchestra<br>Stader | 45: EPL 30 458<br>LP: LPM 18 219 |

**la clemenza di tito, overture**

| | | |
|---|---|---|
| Berlin<br>9-10<br>July<br>1952 | BPO | 78: LV 36060<br>45: EPL 30 479<br>LP: LPM 18 091/LPEM 19 040/<br>    478 074/89 762<br>LP: Decca (USA) DL 4035 |

**così fan tutte, overture**

| | | |
|---|---|---|
| Berlin<br>9-10<br>July<br>1952 | BPO | 78: LV 36 050<br>45: EPL 30 014<br>LP: LPM 18 091/LPEM 19 040/<br>    478 074/89 762<br>LP: Decca (USA) DL 4035 |

**don giovanni, overture**

| | | |
|---|---|---|
| Berlin<br>9-10<br>July<br>1952 | BPO | 78: LVM 72 237<br>45: EPL 30 022<br>45: Decca (USA) ED 3534<br>LP: LPE 17 014/LPM 18 091/LPEM 19 040/<br>    478 074/89 762<br>LP: Decca (USA) DL 4035 |

**don giovanni, excerpt (madamina!)**

| | | |
|---|---|---|
| Berlin<br>5 February<br>1954 | Berlin RO<br>Greindl | 78: LVM 72 482<br>45: EPL 30 078<br>LP: LPM 18 558-18 559 |
| Berlin<br>5 February<br>1954 | Berlin RO<br>Greindl<br>Sung in German | 45: EPL 30 077<br>LP: LPE 17 014 |

**die entführung aus dem serail, overture**

| | | |
|---|---|---|
| Berlin<br>9-10<br>July<br>1952 | BPO | 78: LV 36 050<br>45: EPL 30 014<br>LP: LPM 18 091/LPEM 19 015/LPEM 19 040/<br>    478 074/89 762<br>LP: Decca (USA) DL 4036 |

**die entführung aus dem serail, excerpt (welcher kummer/traurigkeit)**

| | | |
|---|---|---|
| Berlin<br>24 March<br>1952 | Berlin RO<br>Lipp | DG unpublished |

**die entführung aus dem serail, excerpt (martern aller arten)**

| | | |
|---|---|---|
| Berlin<br>27 March<br>1952 | Berlin RO<br>Lipp | DG unpublished |

**idomeneo, overture**

| | | |
|---|---|---|
| Berlin<br>9-10<br>July<br>1952 | BPO | 78: LV 36 060<br>45: EPL 30 479<br>LP: LPM 18 091/LPEM 19040/<br>    478 074/89 762 |

**misera dove son?, concert aria**

| | | |
|---|---|---|
| Munich<br>2-3<br>October<br>1954 | Bavarian<br>Radio Orchestra<br>Stader | 45: EPL 30 458<br>LP: LPM 18 219 |

**44**  Lehmann

**le nozze di figaro, overture**

| | | |
|---|---|---|
| Berlin | BPO | 78: L 62 891 |
| 9-10 | | 45: NL 32 018 |
| July | | LP: LPM 18 091/LPEM 19 040/LPEM 19 066 |
| 1952 | |     478 074/89 762 |
| | | LP: Decca (USA) DL 4036 |

**le nozze di figaro, excerpt (non più andrai)**

| | | |
|---|---|---|
| Munich | Munich PO | 45: NL 32 070 |
| 1 February | Greindl | LP: Decca (USA) DL 4065 |
| 1952 | | |
| Munich | Munich PO | 78: LV 36 025 |
| 1 February | Greindl | 45: NL 32 069 |
| 1952 | <u>Sung in German</u> | LP: LPM 18147/LPEM 19 043/ |
| | |     LPEM 19 066/89 539 |
| | | <u>Also reissued on Preiser CD 90124</u> |

**le nozze di figaro, excerpt (aprite un po' quegl' occhi)**

| | | |
|---|---|---|
| Munich | Munich PO | 45: NL 32 070 |
| 1 February | Greindl | LP: LPM 18 558-18 559 |
| 1952 | | LP: Decca (USA) DL 4065 |
| Munich | Munich PO | 78: LV 36 025 |
| 1 February | Greindl | 45: NL 32 069 |
| 1952 | <u>Sung in German</u> | LP: LPEM 19 066/89 539 |

<u>LPEM 19066 and 89 539 were a Figaro Querschnitt</u>

der schauspieldirektor, overture

| | | |
|---|---|---|
| Berlin<br>9-10<br>July<br>1952 | BPO | 78: L 62 891<br>45: NL 32 018<br>LP: LPM 18 091/LPEM 19 040/<br>    478 074/89 762<br>LP: Decca (USA) DL 4036 |

die zauberflöte, overture

| | | |
|---|---|---|
| Berlin<br>24 June<br>1952 | BPO | 78: LVM 72 237<br>45: EPL 30 022<br>45: Decca (USA) ED 3534<br>LP: LPM 18 091/LPEM 19 040/<br>    478 074/89 762<br>LP: Decca (USA) ·DL 4035 |

die zauberflöte, excerpt (in diesen heil'gen hallen)

| | | |
|---|---|---|
| Berlin<br>14 February<br>1954 | Berlin RO<br>Greindl | 45: NL 32 071<br>LP: LPE 17 081/LPEM 19 015 |

die zauberflöte, excerpt (o isis und osiris)

| | | |
|---|---|---|
| Berlin<br>14 February<br>1954 | Berlin RO<br>RIAS Choir<br>Greindl | 45: NL 32 071<br><u>Reissued on Preiser CD 90124</u> |

FRANZ SCHUBERT

# Aus der Musik zu »Rosamunde« op. 26

Zwischenaktmusik nach dem I. Aufzug · Zwischenaktmusik nach dem II. Aufzug
Zwischenaktmusik nach dem III. Aufzug · Ballettmusik Nr. 2

*Fritz Lehmann · Berliner Philharmoniker*

LPE 17078　HI-FI

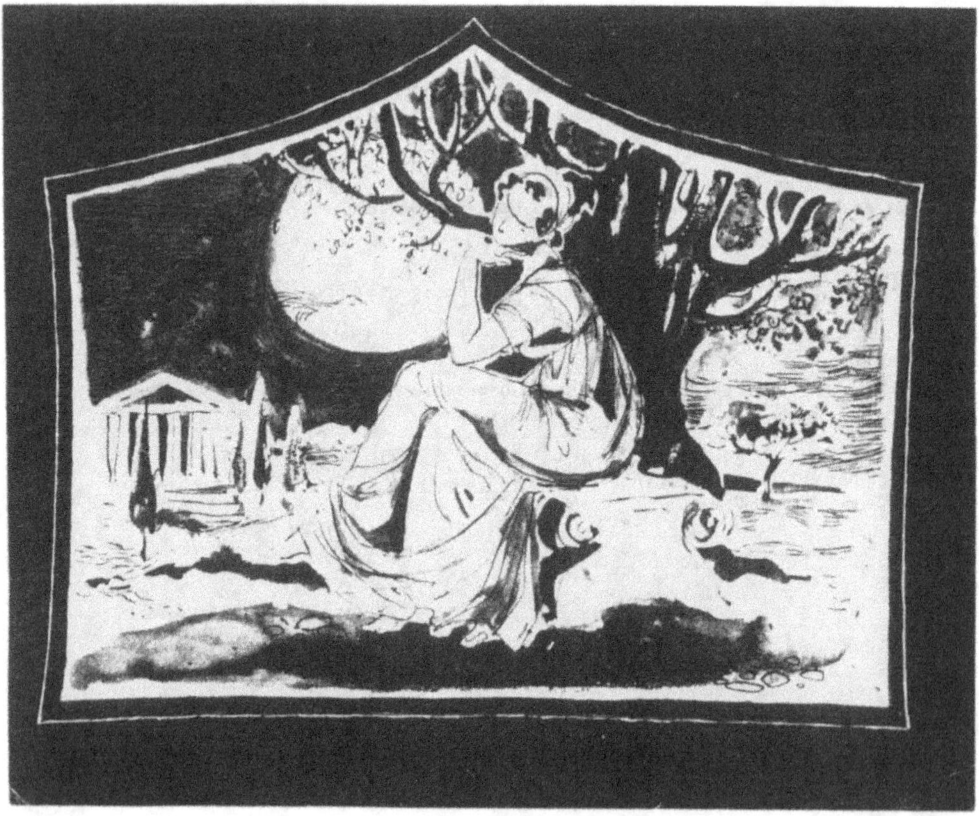

**Deutsche Grammophon Gesellschaft**

CHARLES GOUNOD

Grosse Ballettmusik zu „Margarethe"

LEO DELIBES

Sylvia-Ballettsuite

Münchener Philharmoniker
*Dirigent: Fritz Lehmann*

LANGSPIELPLATTE

# 33

GROSSE BALLET MUSIK ZU „MARGARETHE" / LEO DELIBES · YLVIA-BALLETTSUITI

## MODEST MUSSORGSKY (1839-1881)

**boris godunov, excerpt (i have attained the highest power)**

| | | |
|---|---|---|
| Munich | Munich PO | 45: EPL 30 102 |
| 2 February | Greindl | LP: LPE 17 081 |
| 1952 | Sung in German | Reissued on Preiser CD 90124 |

**boris godunov, excerpt (death of boris)**

| | | |
|---|---|---|
| Munich | Munich PO | 78: L 36 039 |
| 2 February | Greindl | Reissued on Preiser CD 90124 |
| 1952 | Sung in German | |

## JACQUES OFFENBACH (1819-1880)

**les contes d'hoffmann, barcarolle and waltz**

| | | |
|---|---|---|
| Munich | Bamberg SO | 78: LM 93 192/LM 93 212 |
| 23 June | | LP: LPE 17 133 |
| 1955 | | |

**les contes d'hoffmann, excerpt (les oiseaux dans la charmille)**

| | | |
|---|---|---|
| Berlin | Berlin RO | DG unpublished |
| 25 March | Lipp | |
| 1952 | Sung in German | |

## PIETRO PARADIS (1707-1791)

**sicilienne for cello and piano**

| | | |
|---|---|---|
| Munich | Mainardi | DG unpublished |
| 19 October | Lehmann, piano | |
| 1951 | | |

HANS PFITZNER (1869-1949)

das käthchen von heilbronn, overture

| | | |
|---|---|---|
| Bamberg<br>11 February<br>1952 | Bamberg SO | 78: LVM 72 195<br>LP: LPE 17 065<br>LP: Decca (USA) DL 4017 |

SERGEI PROKOFIEV (1891-1953)

peter and the wolf

| | | |
|---|---|---|
| Berlin<br>10-12<br>August<br>1950 | BPO<br>Wieman | German version<br>78: LM 68 443-68 445<br>LP: LP 16 038/LPE 17 117 |
| Berlin<br>10-12<br>August<br>1950 | BPO<br>Dauphin | French version<br>78: LM 68 459-68 461<br>LP: LP 16 098/LPE 17 118 |
| Berlin<br>10-12<br>August<br>1950 | BPO<br>Attenborough | English version<br>LP: LPEM 19 187 |

GIACOMO PUCCINI (1858-1924)

la bohème, musetta's waltz arranged for orchestra

| | | |
|---|---|---|
| Munich<br>22 June<br>1955 | Bamberg SO | 45: NL 32 127 |

## GIOACHINO ROSSINI (1792-1868)

### guillaume tell, ballet music

| Bamberg<br>4 March<br>1953 | Bamberg SO | 45: EPL 30 038<br>LP: LP 16 062/LPE 17 039/478 098<br>LP: Decca (USA) DL 4089 |
|---|---|---|

## CAMILLE SAINT-SAENS (1835-1921)

### danse macabre

| Bamberg<br>1 March<br>1953 | Bamberg SO | 78: LVM 72 352<br>45: EPL 30 054<br>LP: 478 131 |
|---|---|---|

### samson et dalila, bacchanale

| Bamberg<br>3 March<br>1953 | Bamberg SO | 45: EPL 30 054<br>LP: LP 16 062/LPE 17 039/<br>    478 098/478 131 |
|---|---|---|

# FRANZ SCHUBERT (1797-1828)

## symphony no 8 "unfinished"

| | | |
|---|---|---|
| Berlin<br>25-26<br>November<br>1952 | BPO | 78: LVM 72 292-72 293<br>LP: LP 16 051/LPE 17 035/LPM 18 283/<br>    LPX 29 252/478 134/89 625<br>LP: Decca (USA) DL 9696 |

## alfonso und estrella, overture

| | | |
|---|---|---|
| Berlin<br>26 November<br>1952-<br>29 January<br>1953 | BPO | 45: EPL 30 214<br>LP: LPM 18 101/LPX 29 334/478 100<br>LP: Decca (USA) DL 4094 |

## die zauberharfe, overture
also known as rosamunde overture

| | | |
|---|---|---|
| Berlin<br>30-31<br>January<br>1953 | BPO | LP: LPM 18 102/LPX 29 335<br>LP: Decca (USA) DL 4094 |

## rosamunde, entr'acte no 1

| | | |
|---|---|---|
| Berlin<br>26 November<br>1952-<br>29 January<br>1953 | BPO | LP: LPE 17 078/LPM 18 101/LPX 29 334 |

## rosamunde, entr'acte no 2

| | | |
|---|---|---|
| Berlin<br>26 November<br>1952-<br>29 January<br>1953 | BPO | LP: LPE 17 078/LPM 18 101/LPX 29 334 |

**52** Lehmann

rosamunde, entr'acte no 3

| | | |
|---|---|---|
| Berlin<br>26 November<br>1952-<br>29 January<br>1953 | BPO | 78: LVM 72 369<br>45: EPL 30 150<br>LP: LPE 17 078/LPM 18 102/<br>    LPX 29 335/478 100 |

rosamunde, ballet music no 1

| | | |
|---|---|---|
| Berlin<br>26 November<br>1952-<br>29 January<br>1953 | BPO | LP: LPM 18 101/LPX 29 334 |

rosamunde, ballet music no 2

| | | |
|---|---|---|
| Berlin<br>26 November<br>1952-<br>29 January<br>1953 | BPO | 78: LVM 72 369<br>45: EPL 30 038/EPL 30 150<br>LP: LPE 17 078/LPM 18 102/LPX 29 335/<br>    478 100/89 625 |

rosamunde, huntsmens' chorus

| | | |
|---|---|---|
| Berlin<br>26 November<br>1952-<br>29 January<br>1953 | BPO<br>Motettenchor | LP: LPM 18 101/LPX 29 335 |

rosamunde, romanze/der vollmond strahlt

| | | |
|---|---|---|
| Berlin<br>26 November<br>1952-<br>29 January<br>1953 | BPO<br>Eustrati | 78: LV 26 082<br>LP: LPM 18 101/LPX 29 334 |

**rosamunde, shepherds' chorus**

| | | |
|---|---|---|
| Berlin | BPO | 78: LV 36 082 |
| 26 November | Motettenchor | LP: LPM 18 102/LPX 29 335 |
| 1952- | | |
| 29 January | | |
| 1953 | | |

**rosamunde, shepherd's melody**

| | | |
|---|---|---|
| Berlin | BPO | LP: LPM 18 102/LPX 29 335 |
| 26 November | | |
| 1952- | | |
| 29 January | | |
| 1953 | | |

**rosamunde, spirits' chorus**

| | | |
|---|---|---|
| Berlin | BPO | LP: LPM 18 101/LPX 29 334 |
| 26 November | Motettenchor | |
| 1952- | | |
| 29 January | | |
| 1953 | | |

**psalm 23 "gott meine zuversicht", for chorus and piano**

| | | |
|---|---|---|
| Berlin | Motettenchor | 78: LVM 72 345 |
| 26 November | Raucheisen | LP: LPE 17 191/LPM 18 102/LPX 29 335 |
| 1952- | | |
| 29 January | | |
| 1953 | | |

**ständchen for contralto, chorus and piano/zögernd leise**

| | | |
|---|---|---|
| Berlin | Motettenchor | 78: LVM 72 345 |
| 26 November | Eustrati, | 45: EPL 30 241 |
| 1952- | Raucheisen | LP: LPM 18 102/LPX 29 335 |
| 29 January | | |
| 1953 | | |

<u>LPM 18 101-18 102 contained the complete incidental music to Rosamunde</u>

## ROBERT SCHUMANN (1810-1856)

### cello concerto

| | | |
|---|---|---|
| Berlin<br>24-26<br>November<br>1954 | BPO<br>Mainardi | LP: LPE 17 192/LPM 18 222/89 770 |

### manfred, overture

| | | |
|---|---|---|
| Bamberg<br>10 February<br>1952 | Bamberg SO | LP: LP 16 024/LPEM 19 154/478 401<br>LP: Decca (USA) DL 4017 |

### abendlied, arranged for cello and piano by davidoff

| | | |
|---|---|---|
| Munich<br>20 October<br>1951 | Mainardi<br>Lehmann, piano | DG unpublished |

## LOUIS SPOHR (1784-1859)

### violin concerto no 8 "gesangsszene"

| | | |
|---|---|---|
| Munich<br>4-5<br>January<br>1954 | Bavarian<br>Radio Orchestra<br>Koeckert | LP: LPEM 19 012/LPX 29 302 |

BEDRICH SMETANA (1824-1884)

the bartered bride, excerpt (let us rejoice)

| | | |
|---|---|---|
| Munich | Bavarian Radio | 45: EPL 30 145 |
| 2-6 | Orchestra & Chorus | LP: LPEM 19 014/LPEM 19 048/89 637 |
| February | Sung in German | |
| 1954 | | |

the bartered bride, excerpt (while a mother's love)

| | | |
|---|---|---|
| Munich | Bavarian | 45: EPL 30 302 |
| 2-6 | Radio Orchestra | LP: LPEM 19 014/89 637 |
| February | Schlemm, W.Ludwig | |
| 1954 | Sung in German | |

the bartered bride, excerpt (just listen to me!/give up your foolish love affair!)

| | | |
|---|---|---|
| Munich | Bavarian | 45: EPL 30 554 |
| 2-6 | Radio Orchestra | LP: LPEM 19 014/89 637 |
| February | W.Ludwig, Greindl | |
| 1954 | Sung in German | |

the bartered bride, excerpt (alone at last!/that dream of love!)

| | | |
|---|---|---|
| Munich | Bavarian | 78: LVM 72 479 |
| 2-6 | Radio Orchestra | 45: EPL 30 065 |
| February | Schlemm | LP: LPEM 19 014/89 637 |
| 1954 | Sung in German | |

the bartered bride, excerpt (so I find you here?)

| Munich | Bavarian | 45: EPL 30 302 |
| 2-6 | Radio Orchestra | LP: LPEM 19 014/89 637 |
| February | Schlemm, W.Ludwig | |
| 1954 | Sung in German | |

the bartered bride, excerpt (see the buds are bursting on the bushes!)

| Munich | Bavarian Radio | 45: EPL 30 145 |
| 2-6 | Orchestra & Chorus | LP: LPEM 19 014/LPEM 19 048/89 637 |
| February | Schlemm, W.Ludwig | |
| 1954 | Sung in German | |

the bartered bride, excerpt (I know of a maiden fair)

| Munich | Bavarian | 78: LVM 72 479 |
| 2-6 | Radio Orchestra | 45: EPL 30 065 |
| February | Schlemm, Kuen | LP: LPEM 19 014/89 637 |
| 1954 | Sung in German | |

LPEM 19 014 and 89 637 were a Bartered Bride Querschnitt

## RICHARD STRAUSS (1864-1949)

daphne, excerpt (o bleib geliebter tag!/ich komme, grünende brüder!)

| | | |
|---|---|---|
| Munich<br>27 August<br>1951 | Munich PO<br>Kupper | LP: LPM 18 090 |

don juan

| | | |
|---|---|---|
| Berlin<br>6-7<br>January<br>1954 | BPO | LP: LP 16 091/LPEM 19 154/478 401 |

intermezzo, waltz scene

| | | |
|---|---|---|
| Munich<br>22 June<br>1953 | Bamberg SO | 45: EPL 30 227 |

der rosenkavalier, waltz sequence

| | | |
|---|---|---|
| Munich<br>20-22<br>June<br>1955 | Bamberg SO | LP: LPE 17 133 |

salome, dance of the 7 veils

| | | |
|---|---|---|
| Munich<br>23 June<br>1953 | Bamberg SO | 45: EPL 30 227 |

lieder with orchestra: zueignung; ich trage meine minne; heimliche aufforderung; cäcilie

| | | |
|---|---|---|
| Munich<br>22-23<br>April<br>1954 | Munich PO<br>Anders | 78: LV 36 122<br>45: EPL 30 103<br>LP: LPEM 19 059<br>CD: 445 0592 |

**IGOR STRAVINSKY (1882-1971)**

**pulcinella, suite**

| Munich 3-4 March 1954 | Bamberg SO | LP: LPE 17 209/LPM 18 194 |

## PIOTR TCHAIKOVSKY (1840-1893)

### capriccio italien

| Munich | Munich PO | 78: LVM 72 059 |
| 3-5 | | 45: EPL 30 069 |
| October | | LP: LPM 18 014/LPEM 19 028/ |
| 1954 | | LPX 29 319/89 673 |
| | | LP: Decca (USA) DL 7530 |

### casse-noisette, ballet suite

| Munich | Munich PO | 78: LM 56 002-56 003 |
| 22-23 | | LP: LPM 18 014/LPEM 19 028/89 628 |
| July | | Overture, march and waltz |
| 1951 | | 45: EPL 30 003 |
| | | LP: 478 131 |

### romeo and juliet, fantasy overture

| Bamberg | Bamberg SO | LP: LPM 18 036/LPEM 19 070/478 083 |
| 8-9 | | LP: Decca (USA) DL 7544 |
| February | | |
| 1952 | | |

### sleeping beauty, ballet suite

| Munich | Bamberg SO | LP: LPE 17 045/LPEM 19 187/478 083/ |
| 7-9 | | 89 603/89 628 |
| February | | Waltz |
| 1955 | | 45: EPL 30 506 |

**60** Lehmann

**evgeny onegin, prelude**

| | | |
|---|---|---|
| Munich<br>3-5<br>October<br>1954 | Bavarian<br>Radio Orchestra | LP: LPEM 19 023/89 650 |

**evgeny onegin, waltz**

| | | |
|---|---|---|
| Munich<br>21 October<br>1951 | Bavarian<br>State Orchestra | 45: EPL 30 020<br>45: Decca (USA) ED 3521<br>LP: LPEM 19 023/89 650 |
| Munich<br>19 June<br>1955 | Bamberg SO | 78: LM 37 392<br>LP: LPE 17 133 |

**evgeny onegin, excerpt (you have written to me)**

| | | |
|---|---|---|
| Munich<br>3-5<br>October<br>1954 | Bavarian<br>Radio Orchestra<br>Metternich<br><u>Sung in German</u> | 78: L 62 934<br>45: NL 32 024<br>LP: LPE 17 095/LPEM 19 023/89 650<br><u>Reissued by Preiser on LP PR 135013<br>and CD 90125</u> |

**evgeny onegin, excerpt (everyone knows love on earth)**

| | | |
|---|---|---|
| Berlin<br>11 February<br>1954 | Berlin RO<br>Greindl<br><u>Sung in German</u> | LP: LPEM 19 023/89 650 |

<u>LPEM 19 023 and 89 650 were an Onegin Querschnitt</u>

## GIUSEPPE VERDI (1813-1901)

### don carlo, excerpt (ella giammai m'amò)

| | | |
|---|---|---|
| Berlin<br>11-14<br>February<br>1954 | Berlin RO<br>Greindl | 78: LVM 72 482<br>45: EPL 30 078/EPL 30 268<br>Reissued on CD by Preiser 90124 |
| Berlin<br>11-14<br>February<br>1954 | Berlin RO<br>Greindl<br>Sung in German | 78: LVM 72 481<br>45: EPL 30 077<br>LP: LPE 17 014 |

### otello, ballet music

| | | |
|---|---|---|
| Bamberg<br>8 March<br>1953 | Bamberg SO | 45: EPL 30 016<br>LP: LP 16 062/LPE 17 039/<br>478 098/478 131<br>LP: Decca (USA) DL 4089 |

## RICHARD WAGNER (1813-1883)

### lohengrin, excerpt (treulich geführt)

| | | |
|---|---|---|
| Munich<br>7-8<br>October<br>1954 | Bavarian Radio<br>Orchestra & Chorus | 78: LVM 72 485<br>45: EPL 30 085<br>LP: LPEM 19 048/89 573 |

### rienzi, overture

| | | |
|---|---|---|
| Munich<br>5-6<br>October<br>1954 | Bavarian<br>Radio Orchestra | LP: LPE 17 065/LPX 29 260/478 089 |

### tannhäuser, excerpt (beglückt darf nun)

| | | |
|---|---|---|
| Munich<br>7-8<br>October<br>1954 | Bavarian Radio<br>Orchestra & Chorus | 78: LVM 72 485<br>45: EPL 30 085<br>LP: LPEM 19 048/LPEM 19 069/<br>89 573 |

## CARL MARIA VON WEBER (1786-1826)

### abu hassan, overture

| | | |
|---|---|---|
| Bamberg<br>8-10<br>February<br>1952 | Bamberg SO | LP: LPM 18 058/LPEM 19 037/<br>    478 120/89 858<br>LP: Decca (USA) DL 4057 |

### der freischütz, overture

| | | |
|---|---|---|
| Berlin<br>8 November<br>1952 | BPO | 78: LV 36070<br>LP: LPM 18 058/LPEM 19 013/LPEM 19 037/<br>    478 120/89537/89 858<br>LP: Decca (USA) DL 4075/DL 9896/DL 9797<br>LP: Heliodor (USA) H 25016/HS 25016 |

### peter schmoll, overture

| | | |
|---|---|---|
| Bamberg<br>9-10<br>February<br>1952 | Bamberg SO | 45: EPL 30 214 |

### preciosa, overture

| | | |
|---|---|---|
| Bamberg<br>9 August<br>1952 | Bamberg SO | 45: EPL 30 120<br>LP: Decca (USA) DL 4057 |

# Ferdinand Leitner
# born 1912

ADOLPHE ADAM (1803-1856)

le postillon de lonjumeau, excerpt (écoutez l'histoire!)

| Munich | Munich PO | 45: NL 32 052 |
| 31 January | Fehenberger | |
| 1954 | Sung in German | |

LUIGI ARDITI (1822-1903)

parla waltz

| Stuttgart | Württembergisches | 78: LM 68 447 |
| 1 September | Staatsorchester | |
| 1950 | Lipp | |

## JOHANN SEBASTIAN BACH (1685-1750)

### brandenburg concerto no 3

| | | |
|---|---|---|
| Neudettelsau 24-31 July 1948 | Ansbach Bach Orchestra | 78: AVM 2001-2002/LVM 72 358 LP: LP 16 126/LPX 29 256 |

### concerto for 2 harpsichords and strings

| | | |
|---|---|---|
| Neudettelsau 24-31 July 1948 | Ansbach Bach Orchestra Picht-Axenfeld, Noll | 78: LM 68 357-68 359 |

### concerto in d minor for violin, oboe and strings

| | | |
|---|---|---|
| Neudettelsau 24-31 July 1948 | Ansbach Bach Orchestra Soloists | 78: AVM 2003-2005 |

### magnificat

| | | |
|---|---|---|
| Neudettelsau 25-28 July 1949 | Ansbach Bach Orchestra Lamy Choir Schelling, Pitzinger, Marten, Gröschel | 78: AVM 2011-2015 LP: APM 14 001 LP: Decca (USA) DL 9557 CD: 445 0582 |

## LUDWIG VAN BEETHOVEN (1770-1827)

### piano concerto no 1

| | | |
|---|---|---|
| Bamberg<br>19-20<br>April<br>1960 | Bamberg SO<br>Foldes | LP: LPM 18 636/SLPM 138 636/89 767/<br>2538 239/2544 233 |
| Berlin<br>28 June-<br>7 July<br>1961 | BPO<br>Kempff | LP: LPM 18 770-18 773/18 774/<br>SLPM 138 770-138 773/SLPM 138 774/<br>643 608-643 613/2535 490/<br>2711 004/2720 008/2721 066/<br>2740 131/419 8561<br>CD: 419 8562/427 2372 |

### piano concerto no 2

| | | |
|---|---|---|
| Berlin<br>30 June<br>1961 | BPO<br>Kempff | LP: LPM 18 770-18 773/LPM 18 775/<br>SLPM 138 770-138 773/SLPM 138 775/<br>643 608-643 613/2711 004/2720 008/<br>2721 066/2721 128/2740 131/<br>2535 426/2542 136/419 8561/<br>CD: 419 8562/427 2372 |

### piano concerto no 3

| | | |
|---|---|---|
| Berlin<br>30 June-<br>3 July<br>1961 | BPO<br>Kempff | LP: LPM 18 770-18 773/LPM 18 776/<br>SLPM 138 770-138 773/SLPM 138 776/<br>643 608-643 613/2711 004/2720 008/<br>2721 066/2721 128/2740 131/419 4671<br>CD: 419 4672/427 2372 /435 0972 |

**piano concerto no 4**

| | | |
|---|---|---|
| Berlin<br>4-5<br>July<br>1961 | BPO<br>Kempff | LP: LPM 18 770-18 773/LPM 18 775/<br>SLPM 138 770-138 773/SLPM 138 775/<br>643 608-643 613/2535 426/2542 136/<br>2543 512/2711 004/2720 008/<br>2721 066/2721 128/2721 195/<br>2740 131/419 4671/<br>CD: 419 4672/427 2372/447 4022 |

**piano concerto no 5 "emperor"**

| | | |
|---|---|---|
| Berlin<br>24-25<br>November<br>1958 | BPO<br>Foldes | LP: LPM 18 564/SLPM 138 019/<br>236 547-236 549 |
| Berlin<br>5 July<br>1961 | BPO<br>Kempff | LP: LPM 18 770-18 773/LPM 18 777/<br>SLPM 138 770-138 773/SLPM 138 777/<br>643 608-643 613/2711 004/2720 008/<br>2721 066/2721 128/2740 131/<br>2740 262/410 8421/419 4681<br>CD: 419 4682/427 2372/447 4022 |

**choral fantasia**

| | | |
|---|---|---|
| Vienna<br>4 January-<br>27 March<br>1970 | VSO<br>Wiener Singverein<br>Demus | LP: 2535 151/2720 017/2721 138 |

**ah perfido!, concert aria**

| | | |
|---|---|---|
| Vienna<br>4 January-<br>27 March<br>1970 | VSO<br>Nilsson | LP: 2535 098/2720 017/2721 138/2721 206<br>CD: 431 1072/449 3362 |

**violin romance no 1**

| | | |
|---|---|---|
| Munich<br>2-3<br>May<br>1950 | Munich PO<br>Röhn | 78: LVM 72 005 |
| Munich<br>18-19<br>February<br>1953 | Bavarian<br>Radio Orchestra<br>Koeckert | 78: LVM 72 432<br>45: EPL 30 050<br>LP: LPEM 19 012/LPX 29 257/<br>LPX 29 302/478 135 |

**violin romance no 2**

| | | |
|---|---|---|
| Munich<br>2-3<br>May<br>1950 | Munich PO<br>Röhn | 78: LVM 72 005 |
| Munich<br>18-19<br>February<br>1953 | Bavarian<br>Radio Orchestra<br>Koeckert | 78: LVM 72 432<br>45: EPL 30 050<br>LP: LPEM 19 012/LPX 29 257/<br>LPX 29 302/478 135 |

**egmont, overture**

| | | |
|---|---|---|
| Stuttgart<br>14-19<br>February<br>1949 | Württembergisches<br>Staatsorchester | 78: LM 68 349<br>LP: Decca (USA) DL 7540 |

**egmont, klärchen-lieder (die trommel gerühret; freudvoll und leidvoll)**

| | | |
|---|---|---|
| Stuttgart<br>21 April<br>1949 | Württembergisches<br>Staatsorchester<br>Wissmann | 78: LM 68 350<br>LP: Decca (USA) DL 7540 |

**egmont, klärchens tod**

| | | |
|---|---|---|
| Stuttgart<br>21 April<br>1949 | Württembergisches<br>Staatsorchester | 78: LM 68 350<br>LP: Decca (USA) DL 7540 |

**egmont, entr'actes 1 and 2**

| | | |
|---|---|---|
| Stuttgart<br>14-19<br>February<br>1949 | Württembergisches<br>Staatsorchester | 78: LM 68 351<br>LP: Decca (USA) DL 7540 |

**egmont, closing scene (melodrama, dream. monologue and victory symphony)**

| | | |
|---|---|---|
| Stuttgart<br>14-19<br>February<br>1949 | Württembergisches<br>Staatsorchester<br>Hartmann | 78: LM 68 352<br>LP: Decca (USA) DL 7540 |

**fidelio, overture**

| | | |
|---|---|---|
| Bamberg<br>28 August<br>1952 | Bamberg SO | 78: LVM 72 396<br>45: EPL 30 023<br>45: Decca (USA) ED 3536<br>LP: Decca (USA) DL 4047 |

**fidelio, excerpt (o welche lust!)**

| | | |
|---|---|---|
| Stuttgart<br>7 May<br>1952 | Württembergisches<br>Staatsorchester<br>and Chorus | 45: EPL 30 023<br>LP: LPM 18 048/LPEM 19 033/89 573<br>LP: Decca (USA) DL 4056/DL 9797 |

**meeresstille glückliche fahrt**

| | | |
|---|---|---|
| Vienna<br>4 January-<br>27 March<br>1970 | VSO<br>Wiener Singverein | LP: 2720 017/2721 138 |

## GEORGES BIZET (1838-1875)

### l'arlésienne, suites 1 and 2

| | | |
|---|---|---|
| Bamberg<br>27-28<br>August<br>1952 | Bamberg SO | 78: LVM 73 612/LVM 73 622<br>LP: LPM 18 049/LPEM 19 034/<br>    2548 033/478 406<br>LP: Decca (USA) DL 7538<br>CD: 447 3612 |

### carmen, prelude, ballet music and act 4 march and chorus

| | | |
|---|---|---|
| Stuttgart<br>20 April<br>1949 | Württembergisches<br>Staatsorchester<br>and Chorus<br><u>Sung in German</u> | 78: L 62 861-62 862<br>45: NL 32 134 |

### carmen, excerpt (l'amour est un oiseau rebelle)

| | | |
|---|---|---|
| Stuttgart<br>17 October<br>1952 | Württembergisches<br>Staatsorchester<br>Höngen<br><u>Sung in German</u> | 45: NL 32 145<br>CD: DG 457 9732<br><u>Reissued on LP by Preiser 1111 165</u> |

### carmen, excerpt (votre toast!)

| | | |
|---|---|---|
| Stuttgart<br>18 November<br>1952 | Württembergisches<br>Staatsorchester<br>Uhde<br><u>Sung in German</u> | 78: LM 36 085<br>45: NL 32 077 |

**carmen, excerpt (je dis que rien ne m'épouvante)**

| | | |
|---|---|---|
| Stuttgart<br>14 July<br>1951 | Württembergisches<br>Staatsorchester<br>Trötschel<br><u>Sung in German</u> | DG unpublished |
| Vienna<br>16 September<br>1953 | VSO<br>Seefried | LP: 410 8471<br>CD: 437 6772 |

**carmen, excerpt (parle-moi de ma mère)**

| | | |
|---|---|---|
| Stuttgart<br>6-7<br>July<br>1952 | Württembergisches<br>Staatsorchester<br>Trötschel,<br>W.Ludwig<br><u>Sung in German</u> | 78: LV 36 003<br>45: NL 32 203 |

**carmen, excerpt (mélons! coupons!)**

| | | |
|---|---|---|
| Stuttgart<br>18 November<br>1952 | Württembergisches<br>Staatsorchester<br>Höngen, Plümacher,<br>Junker-Giesen<br><u>Sung in German</u> | DG unpublished |

**les pêcheurs de perles, excerpt (je crois entendre encore)**

| | | |
|---|---|---|
| Munich<br>9 January<br>1955 | Munich PO<br>Traxel<br><u>Sung in German</u> | 45: NL 32 030 |

**FRANCOIS BOIELDIEU (1775-1834)**

la dame blanche, excerpt (viens gentille dame!)

| Stuttgart | Württembergisches | 78: LV 36 059 |
| 14 October | Staatsorchester | 45: NL 32 202 |
| 1952 | W.Ludwig | |
| | <u>Sung in German</u> | |

## JOHANNES BRAHMS (1833-1897)

### haydn variations

| | | |
|---|---|---|
| Stuttgart<br>24-26<br>January<br>1950 | Württembergisches<br>Staatsorchester | 78: LVM 72 033<br>LP: LP 16 105/LPM 18 002/LPX 29 256 |

### alto rhapsody

| | | |
|---|---|---|
| Berlin<br>4-5<br>June<br>1952 | BPO<br>Liedtafel<br>Höngen | 78: LVM 72 231<br>LP: LP 16 105/LPX 29 256<br>LP: Decca (USA) DL 4074<br>CD: DG 457 9732 |

### sapphische ode

| | | |
|---|---|---|
| Berlin<br>15 October<br>1942 | Rohs<br>Leitner, piano | 78: L 62 853 |

### vergebliches ständchen

| | | |
|---|---|---|
| Berlin<br>15 October<br>1942-<br>29 March<br>1943 | Rohs<br>Leitner, piano | 78: L 62 853 |

### zigeunerlieder

| | | |
|---|---|---|
| Berlin<br>26 January<br>1939 | W.Ludwig<br>Leitner, piano | 78: 47 310-47 311 |

### brauner bursche & kommst du manchmal in den sinn/zigeunerlieder

| | | |
|---|---|---|
| Berlin<br>29 March<br>1943 | Rohs<br>Leitner, piano | Grammophon unpublished |

## MAX BRUCH (1838-1920)

### violin concerto no 1

| | | |
|---|---|---|
| Bamberg<br>28-30<br>April<br>1952 | Bamberg SO<br>Schneiderhan | 78: LVM 72 232-72 233<br>LP: LPE 17 028/LPM 18 036/<br>　　　LPEM 19 124/2548 024 |

## FERRUCCIO BUSONI (1866-1924)

### doktor faust

| | | |
|---|---|---|
| Munich<br>5-12<br>May<br>1969 | Bavarian Radio<br>Orchestra & Chorus<br>Hillebrecht,<br>Cochran, Ridder,<br>Fischer-Dieskau,<br>Kohn, Sotin,<br>Grundheber,<br>Rintzler | LP: 2709 032/2740 273<br>CD: 427 4132<br>Excerpt<br>CD: 439 4882 |

## LUIGI CHERUBINI (1760-1842)

### medea, overture

| | | |
|---|---|---|
| Bamberg<br>1 April<br>1953 | Bamberg SO | 78: LVM 72 396<br>45: EPL 30 129<br>LP: Decca (USA) DL 8509 |

**GAETONO DONIZETTI (1797-1848)**

**l'elisir d'amore, excerpt (una furtiva lagrima)**

| | | |
|---|---|---|
| Stuttgart<br>30 March<br>1951 | Württembergisches<br>Staatsorchester<br>Munteanu | 45: NL 32 049<br>LP: LPM 18 169 |

**la fille du régiment, overture**

| | | |
|---|---|---|
| Munich<br>29 January<br>1954 | Bamberg SO | 78: LVM 72 498<br>45: EPL 30 098<br>LP: 89 612 |

**ANTONIN DVORAK (1841-1904)**

**symphony no 7**

| | | |
|---|---|---|
| Berlin<br>11-14<br>October<br>1955 | BPO | LP: LPM 18 291/478 105/89 844 |

**the jacobin, excerpt (we wandered in distant lands)**

| | | |
|---|---|---|
| Stuttgart<br>6-7<br>July<br>1952 | Württembergisches<br>Staatsorchester<br>Trötschel,<br>Günter<br>Sung in German | LP: LPEM 19 036.<br>Also issued on LP by Eterna 820 306 |

**the jacobin, excerpt (there is no hope)**

| | | |
|---|---|---|
| Stuttgart<br>6-7<br>July<br>1952 | Württembergisches<br>Staatsorchester<br>Trötschel<br>Sung in German | LP: LPEM 19 036,<br>Also issued on LP by Eterna 820 306 |

## FRIEDRICH VON FLOTOW (1812-1883)

### alessandro stradella, overture

| | | |
|---|---|---|
| Munich<br>8 January<br>1955 | Bavarian<br>Radio Orchestra | 78: LVM 72 498<br>45: EPL 30 098 |

### martha, overture

| | | |
|---|---|---|
| Bamberg<br>1 April<br>1953 | Bamberg SO | 78: LVM 72 418<br>45: EPL 30 144<br>LP: LPE 17 007/89 612/89 661<br>LP: Decca (USA) DL 8509 |

### martha, excerpts (mädchen brav und treu!; der markt beginnt!)

| | | |
|---|---|---|
| Stuttgart<br>1-4<br>April<br>1953 | Württembergisches<br>Staatsorchester<br>and Chorus | 45: EPL 30 036<br>LP: LPE 17 007/89 661 |

**martha, excerpt (ach so fromm)**

| | | |
|---|---|---|
| Stuttgart | Württembergisches | 78: L 62 878 |
| 5 April | Staatsorchester | 45: EPL 30 293 |
| 1951 | W.Ludwig | LP: LPE 17 007/89 661 |
| | | Also issued on LP by Eterna |
| | | 720 084 and 821 075 |

**martha, excerpt (lasst mich euch fragen)**

| | | |
|---|---|---|
| Stuttgart | Württembergisches | 45: EPL 30 036 |
| 4 May | Staatsorchester | LP: LPE 17 007/89 661 |
| 1953 | Neidlinger | |

**martha, excerpt (mag der himmel euch vergeben)**

| | | |
|---|---|---|
| Stuttgart | Württembergisches | 78: L 62 878 |
| 9-10 | Staatsorchester | 45: EPL 30 293 |
| April | Wissmann, | LP: LPE 17 007/89 661 |
| 1951 | Plümacher, | Also issued on LP by Eterna 720 084 |
| | W.Ludwig, Grefe, | |
| | Neidlinger | |

LPE 17 007 was a Martha Querschnitt

## WOLFGANG FORTNER (1907-1987)

**geh unter, schöne sonne**

| | | |
|---|---|---|
| 1949-1950 | Baum<br>Leitner, piano | 78: EM 15 555/57 093 |

## TOMMASO GIORDANI (1733-1806)

**caro mio ben**

| | | |
|---|---|---|
| Munich<br>4-5<br>January<br>1955 | Munich PO<br>Klose | 45: NL 32 027 |

## ALEXANDER GRETCHANINOV (1864-1956)

**cradle song**

| | | |
|---|---|---|
| Berlin<br>21 April<br>1941 | W.Ludwig<br>Leitner, piano<br><u>Sung in German</u> | 78: L 62 824 |

## CHARLES GOUNOD (1818-1893)

### faust, excerpt (avant de quitter ces lieux)

| | | |
|---|---|---|
| Munich<br>9 January<br>1957 | Munich PO<br>Wächter | 45: EPL 39 339<br>Reissued on LP by Preiser PR 135 015 |
| Munich<br>9 January<br>1957 | Munich PO<br>Wächter<br>Sung in German | 45: EPL 30 338<br>LP: LPEM 19 095/89 651 |

### faust, excerpt (le veau d'or est toujours debout)

| | | |
|---|---|---|
| Munich<br>12 January<br>1957 | Munich PO<br>Bavarian<br>Radio Chorus<br>Borg | 45: EPL 30 339<br>CD: 449 9262 |
| Munich<br>12 January<br>1957 | Munich PO<br>Bavarian<br>Radio Chorus<br>Borg<br>Sung in German | 45: EPL 30 338<br>LP: LPEM 19 095/89 651 |

### faust, excerpt (salut demeure)

| | | |
|---|---|---|
| Munich<br>9 January<br>1955 | Munich PO<br>Traxel<br>Sung in German | 45: NL 32 030 |
| Munich<br>9 January<br>1957 | Munich PO<br>Hoppe<br>Sung in German | LP: LPEM 19 095/89 651 |

### faust, excerpt (il était un roi de thulé)

| | | |
|---|---|---|
| Munich<br>25-26<br>April<br>1954 | Munich PO<br>Stader | 45: NL 32 068 |
| Munich<br>25-26<br>April<br>1954 | Munich PO<br>Stader<br>Sung in German | 45: NL 32 067 |

**faust, excerpt (o dieu que de bijoux!/ah je ris!)**

| | | |
|---|---|---|
| Munich<br>25-26<br>April<br>1954 | Munich PO<br>Stader | 45: EPL 30 474/NL 32 068 |
| Munich<br>25-26<br>April<br>1954 | Munich PO<br>Stader<br><u>Sung in German</u> | 45: NL 32 067<br>LP: LPEM 19 095/89 651 |

**faust, excerpt (il se fait tard)**

| | | |
|---|---|---|
| Munich<br>10 January<br>1957 | Munich PO<br>Stader, Hoppe<br><u>Sung in German</u> | LP: LPEM 19095/89 651 |

**faust, excerpt (vous qui faites l'endormie)**

| | | |
|---|---|---|
| Munich<br>10 January<br>1957 | Munich PO<br>Borg | 45: EPL 30 339<br>CD: 449 4292 |
| Munich<br>10 January<br>1957 | Munich PO<br>Borg<br><u>Sung in German</u> | 45: EPL 30 338<br>LP: LPEM 19 095/89 651 |

**faust, excerpt (par ici, mes amis!)**

| | | |
|---|---|---|
| Munich | Munich PO | 45: EPL 30 474 |
| 8 January | Bavarian | Reissued on LP by Preiser PR 135 015 |
| 1957 | Radio Chorus | |
| | Stader, Naaff, | |
| | Wächter | |

| | | |
|---|---|---|
| Munich | Munich PO | 45: EPL 30 238 |
| 8 January | Bavarian | LP: LPEM 19 095/89 651 |
| 1957 | Radio Chorus | |
| | Stader, Naaff, | |
| | Wächter | |
| | Sung in German | |

**faust, excerpt (alerte! alerte!)**

| | | |
|---|---|---|
| Munich | Munich PO | LP: LPEM 19 095/89 651 |
| 11-12 | Bavarian | |
| January | Radio Chorus | |
| 1957 | Stader, | |
| | Hoppe, Borg | |
| | Sung in German | |

LPEM 19 095 and 89 651 were a Faust (Margarethe) Querschnitt

MAX BRUCH

## Konzert für Violine und Orchester Nr. 1 g-moll op. 26

Concerto for Violin and Orchestra No. 1 in G minor, Op. 26
Concerto pour violon et orchestre n° 1 en sol mineur, op. 26

Wolfgang Schneiderhan, Violine · Bamberger Symphoniker · Dirigent: Ferdinand Leitner

LPE 17 028  HI-FI

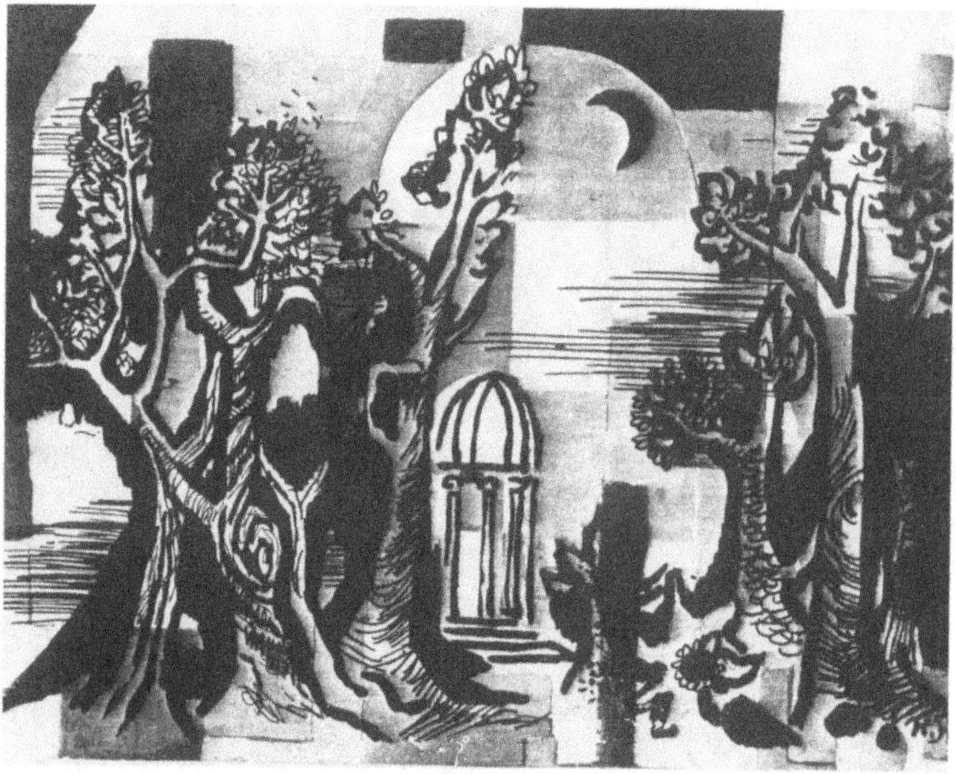

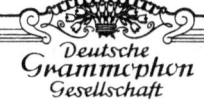

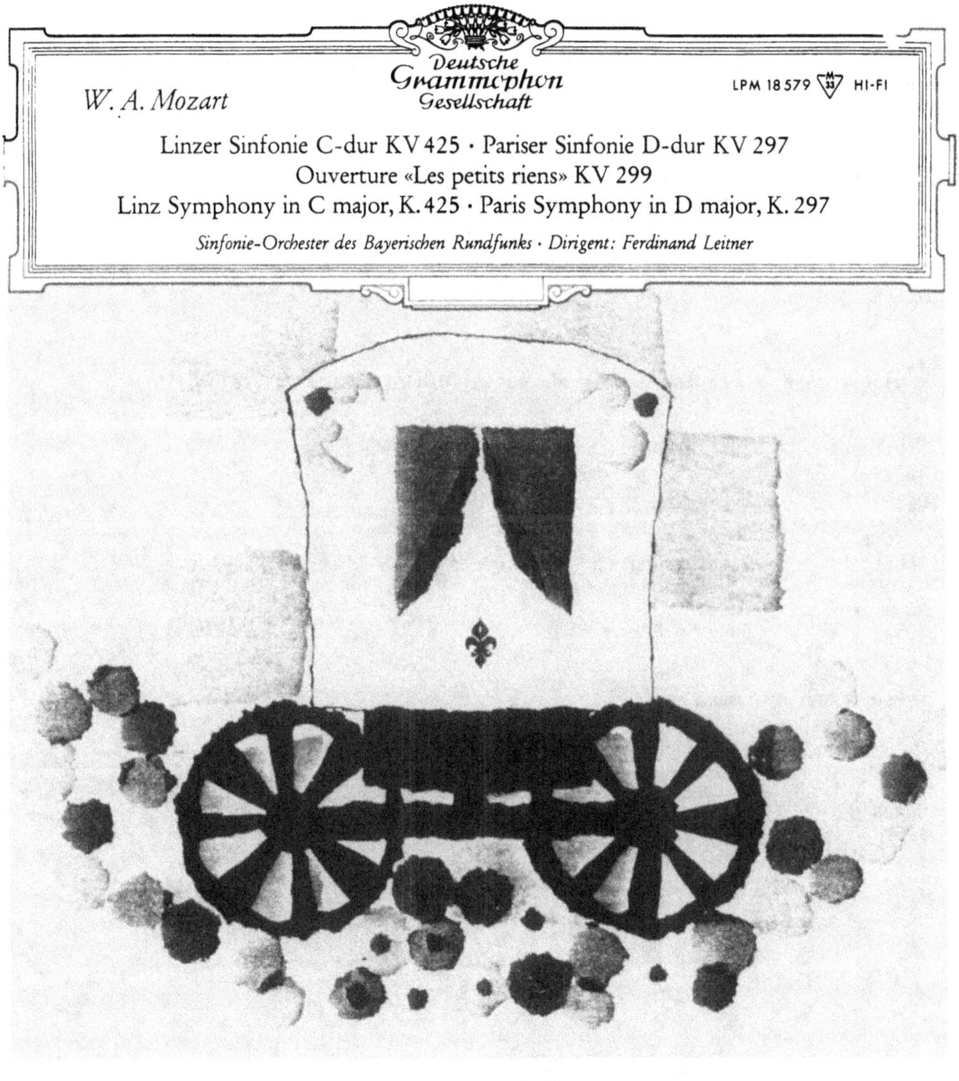
Deutsche Grammophon Gesellschaft
W. A. Mozart
LPM 18 579 M 33 HI-FI
Linzer Sinfonie C-dur KV 425 · Pariser Sinfonie D-dur KV 297
Ouverture «Les petits riens» KV 299
Linz Symphony in C major, K. 425 · Paris Symphony in D major, K. 297
Sinfonie-Orchester des Bayerischen Rundfunks · Dirigent: Ferdinand Leitner

## GEORGE FRIDERIC HANDEL (1685-1759)

**giulio cesare, excerpts (svegliatevi nel core; son nata a lagrimar; l'angue offeso mai riposa)**

| | | |
|---|---|---|
| Munich<br>20 March<br>1966 | Munich PO<br>C.Ludwig,<br>Wunderlich<br>Sung in German | LP: 2535 831/2700 709/413 8371<br>CD: 435 1452 |

Complete recording of this live performance published on CD by Melodram and Orfeo

**giulio cesare, excerpts (dall' ondo periglio/aura deh per pietà!)**

| | | |
|---|---|---|
| Stuttgart<br>13-19<br>November<br>1952 | Württembergisches<br>Staatsorchester<br>Uhde | 45: EPL 30 084 |
| Stuttgart<br>13-19<br>November<br>1952 | Württembergisches<br>Staatsorchester<br>Uhde<br>Sung in German | LP: LPM 18 147/LPEM 19 043 |

**serse, excerpt (ombra mai fù)**

| | | |
|---|---|---|
| Munich<br>4-5<br>January<br>1955 | Munich PO<br>Klose | 45: NL 32 027<br>LP: LPE 17 066 |

**FRANZ JOSEF HAYDN (1732-1809)**

**symphony no 100 "military"**

| | | |
|---|---|---|
| Bamberg<br>1-2<br>December<br>1957 | Bamberg SO | LP: LPEM 19 151/478 400/89 801<br>LP: Decca (USA) DL 9989 |

**symphony no 102**

| | | |
|---|---|---|
| Munich<br>18-19<br>October<br>1957 | Bamberg SO | LP: LPEM 19 151/478 400/89 801<br>LP: Decca (USA) DL 9989 |

**ARMIN KNAB (1881-1951)**

**arie zu einer kleinen nachtmusik; sommer**

| | | |
|---|---|---|
| Berlin<br>21 April<br>1941 | W.Ludwig<br>Leitner, piano | Grammophon unpublished |

## RUGGIERO LEONCAVALLO (1858-1919)

### i pagliacci, intermezzo

| | | |
|---|---|---|
| Bamberg<br>31 March<br>1953 | Bamberg SO | 78: LVM 72 439<br>45: EPL 30 027<br>LP: LPE 17 001/89 612<br>LP: Decca (USA) DL 8509 |
| Bamberg<br>13 April<br>1960 | Bamberg SO | LP: LPEM 19 399/SLPEM 136 399/135 088 |

### i pagliacci, excerpt (stridono lassù)

| | | |
|---|---|---|
| Stuttgart<br>31 March<br>1951 | Württembergisches<br>Staatsorchester<br>Trötschel<br>Sung in German | 45: NL 32 133 |

### i pagliacci, excerpt (din don!)

| | | |
|---|---|---|
| Stuttgart<br>31 March<br>1951 | Württembergisches<br>Staatsorchester<br>and Chorus<br>Sung in German | 78: L 62 879<br>45: EPL 30 008<br>LP: LPM 18 048/LPEM 19 033/LPEM 19 199<br>LP: Decca (USA) DL 9797 |

## FRANZ LISZT (1811-1886)

### hungaria, symphonic poem

| | | |
|---|---|---|
| Bamberg<br>31 October<br>1952 | Bamberg SO | 78: LVM 72 287<br>LP: LP 16 044/LPE 17 043<br>LP: Decca (USA) DL 7544/DL 9870 |

## CARL LOEWE (1796-1869)

### hochzeitslied

| | | |
|---|---|---|
| Berlin<br>February<br>1943 | Schellenberg<br>Leitner, piano | 78: LM 68 398 |

### meeresleuchten

| | | |
|---|---|---|
| Stuttgart<br>6 September<br>1950 | Hann<br>Leitner, piano | 78: LM 68 449 |

### odins meeresritt

| | | |
|---|---|---|
| Stuttgart<br>6 September<br>1950 | Hann<br>Leitner, piano | 78: LM 68 449 |

## ALBERT LORTZING (1801-1851)

### zar und zimmermann

| | | |
|---|---|---|
| Stuttgart<br>24 September-<br>2 October<br>1952 | Württembergisches<br>Staatsorchester<br>and Chorus<br>Junker-Giesen,<br>T.Anders,<br>W.Ludwig, Günter,<br>Neidlinger | LP: DG LPM 18 060-18 062/<br>    LPM 18 126-18 128<br>LP: Decca (USA) DX 129<br>CD: 447 8292<br>Excerpts<br>78: LV 36 061/L 62 928<br>45: EPL 30 035/NL 32 017/NL 32 075<br>LP: LPE 17 107/LPEM 19 313/<br>    LPEM 19 365<br>Excerpt also issued on Preiser CD 91023<br>This was DG's first complete LP opera<br>recording |

### undine, excerpt (vater, mutter, schwester, brüder!)

| | | |
|---|---|---|
| Stuttgart<br>14 October<br>1952 | Württembergisches<br>Staatsorchester<br>W.Ludwig | DG unpublished |

### der waffenschmied, excerpt (auch ich war ein jüngling)

| | | |
|---|---|---|
| Munich<br>15 April<br>1955 | Munich PO<br>Borg | 45: EPL 30 108<br>LP: LPE 17 093<br>CD: 449 9262 |

### der waffenschmied, excerpt (er schläft!)

| | | |
|---|---|---|
| Stuttgart<br>6-7<br>July<br>1952 | Württembergisches<br>Staatsorchester<br>Trötschel | 45: NL 32 133<br>LP: LPEM 19 036<br>Also issued on LP by Eterna 820 306 |

der wildschütz, excerpt (ich habe numero eins!)

| Stuttgart | Württembergisches | 78: LM 73 043 |
| 4-6 | Staatsorchester | 45: EPL 30 123 |
| September | Wissmann, | LP: LPEM 19 009/89 649 |
| 1950 | R.Fischer, | |
| | Windgassen, | |
| | Czubok, Hann | |

der wildschütz, excerpt (lass er doch hören)

| Stuttgart | Württembergisches | 78: LVM 72 034 |
| 4-6 | Staatsorchester | 45: EPL 30 018/EPL 30 074 |
| September | Junker-Giesen, | LP: LPM 18 003/LPEM 19 009/ |
| 1950 | Hann | LPEM 19 025/89 540 |

der wildschütz, excerpt (fünftausend taler!)

| Stuttgart | Württembergisches | 78: LVM 72 034 |
| 4-6 | Staatsorchester | 45: EPL 30 018/EPL 30 074 |
| September | Hann | LP: LPM 18003/LPEM 19009/ |
| 1950 | | LPEM 19 025/89 540 |

## JOAN MANEN

**mariagneta**

| | | |
|---|---|---|
| Berlin | W.Ludwig | 78: L 62 824 |
| 21 April | Leitner, piano | |
| 1941 | | |


## PIETRO MASCAGNI (1863-1945)

**cavalleria rusticana, intermezzo**

| | | |
|---|---|---|
| Stuttgart | Württembergisches | 78: LVM 72 439 |
| 3 May | Staatsorchester | 45: EPL 30 008 |
| 1953 | | LP: LPE 17 001/LPEM 19 011/89 612 |

**cavalleria rusticana, excerpt (ineggiamo il signor)**

| | | |
|---|---|---|
| Stuttgart | Württembergisches | 78: LVM 72 462 |
| 14 October | Staatsorchester | 45: EPL 30 017 |
| 1951 | and Chorus | LP: LPM 18 048/LPEM 19 011/LPEM 19 033 |
| | Sung in German | LP: Decca (USA) DL 9797 |

**cavalleria rusticana, excerpt (a casa! a casa!)**

| | | |
|---|---|---|
| Stuttgart | Württembergisches | 78: LVM 72 462 |
| 31 May | Staatsorchester | 45: EPL 30 017 |
| 1951 | and Chorus | LP: LPM 18 048/LPEM 19 011/LPEM 19 033 |
| | Sung in German | LP: Decca (USA) DL 9797 |

## JULES MASSENET (1842-1912)

**manon, excerpt (adieu notre petite table)**

| Munich<br>21-24<br>April<br>1954 | Munich PO<br>Stader | 78: LV 36 119<br>45: NL 32 060 |
| --- | --- | --- |
| Munich<br>21-24<br>April<br>1954 | Munich PO<br>Stader<br><u>Sung in German</u> | 45: NL 32 059<br>LP: LPE 17 088 |

**manon, excerpt (je marche sur tous les chemins)**

| Munich<br>21-24<br>April<br>1954 | Munich PO<br>Bavarian<br>State Chorus<br>Stader | 78: LV 36 119<br>45: NL 32 060 |
| --- | --- | --- |
| Munich<br>21-24<br>April<br>1954 | Munich PO<br>Bavarian<br>State Chorus<br>Stader<br><u>Sung in German</u> | 45: NL 32 059<br>LP: LPE 17 088 |

## FELIX MENDELSSOHN-BARTHOLDY (1809-1847)

**symphony no 3 "scotch"**

| Munich<br>16-19<br>October<br>1954 | Bamberg SO | LP: LPM 18 207/LPX 29 324/89 549 |
| --- | --- | --- |

**ruy blas, overture**

| Berlin<br>4 November<br>1953 | BPO | 45: EPL 30 129<br>LP: LPX 29 324/89 549 |
| --- | --- | --- |

## GIACOMO MEYERBEER (1791-1864)

**l'africaine, excerpt (o paradis!)**

| | | |
|---|---|---|
| Munich | Munich PO | 45: NL 32 126 |
| May | Fehenberger | |
| 1950 | Sung in German | |

**les huguenots, excerpt (nobles seigneurs!)**

| | | |
|---|---|---|
| Berlin | Berlin RO | 78: L 62 924 |
| 22-23 | Streich | 45: EPL 30 464/NL 32 011 |
| October | | LP: LPM 18 169/LPEM 19 137/413 8241 |
| 1953 | | CD: 435 7482 |

| | | |
|---|---|---|
| Berlin | Berlin RO | 45: NL 32 013 |
| 22-23 | Streich | |
| October | Sung in German | |
| 1953 | | |

**les huguenots, excerpt (ah quel spectacle!)**

| | | |
|---|---|---|
| Stuttgart | Württembergisches | 78: LM 68 400 |
| 26 April | Staatsorchester | |
| 1949 | Fehenberger | |
| | Sung in German | |

## CLAUDIO MONTEVERDI (1567-1643)

**lamento d'arianna, arranged by orff**

| | | |
|---|---|---|
| Stuttgart | Höngen | 45: EPA 37 011 |
| 19 November | Graeser, d-bass | LP: APM 14 020 |
| 1952 | Leitner and | CD: DG 457 9732 |
| | Reinhardt, | |
| | harpsichords | |

| | | |
|---|---|---|
| Stuttgart | Württembergisches | DG unpublished |
| 19 November | Staatsorchester | |
| 1952 | Höngen | |
| | Sung in German | |

**WOLFGANG AMADEUS MOZART (1756-1791)**

**symphony no 31 "paris"**

| | | |
|---|---|---|
| Munich<br>12-13<br>April<br>1959 | Bavarian<br>Radio Orchestra | LP: LPM 18 579/SLPM 138 046/<br>    135 151/2548 220<br>LP: Heliodor (USA) H 25034/HS 25034 |

**symphony no 36 "linz"**

| | | |
|---|---|---|
| Munich<br>11-12<br>April<br>1959 | Bavarian<br>Radio Orchestra | LP: LPM 18 579/SLPM 138 046/<br>    135 151/2548 220<br>LP: Heliodor (USA) H 25034/HS 25034 |

**piano concerto no 8**

| | | |
|---|---|---|
| Berlin<br>2-3<br>January<br>1962 | BPO<br>Kempff | LP: LPM 18 812/SLPM 138 812/2535 183<br>CD: 435 6482/439 6992 |

**piano concerto no 14**

| | | |
|---|---|---|
| Berlin<br>18-20<br>December<br>1957 | BPO<br>Haas | LP: LPM 18 491 |

**piano concerto no 23**

| | | |
|---|---|---|
| Berlin<br>23-25<br>January<br>1952 | BPO<br>Haas | 78: LVM 72 349-72 350<br>LP: LP 16 056/LPE 17 185/LPM 18 491 |
| Bamberg<br>12-13<br>April<br>1960 | Bamberg SO<br>Kempff | LP: LPE 17 252/LPM 18 645/SLPM 138 645/<br>    2535 204/2721 195/2726 024<br>CD: 423 8852/435 6482/439 6992 |

Leitner

**piano concerto no 24**

| | | |
|---|---|---|
| Berlin<br>4-5<br>December<br>1957 | BPO<br>Seemann | LP: LPE 17 183/89 799 |
| Bamberg<br>11-12<br>April<br>1960 | Bamberg SO<br>Kempff | LP: LPM 18 645/SLPM 138 645/<br>    2535 204/2726 024<br>CD: 423 8852/435 6482/439 6992 |

**piano concerto no 27**

| | | |
|---|---|---|
| Berlin<br>2-3<br>January<br>1962 | BPO<br>Kempff | LP: LPM 18 812/SLPM 138 812/135 137/<br>    2535 183/2535 659<br>CD: 435 6482/439 6992 |

**violin concerto no 5**

| | | |
|---|---|---|
| Vienna<br>16 September<br>1952 | VSO<br>Schneiderhan | LP: LP 16 060/LPM 18 314 |

**serenade no 4**

| | | |
|---|---|---|
| Berlin<br>27-30<br>June<br>1965 | Capella<br>coloniensis | LP: APM 14 363/SAPM 198 363<br>Excerpts<br>LP: 135 135 |

**serenade no 7 "haffner"**

| | | |
|---|---|---|
| Bamberg<br>13-15<br>December<br>1951 | Bamberg SO | LP: LPM 18 041/478 092<br>LP: Decca (USA) DL 9636 |

**serenade no 9 "posthorn"**

| | | |
|---|---|---|
| Munich<br>3-7<br>January<br>1957 | Bavarian<br>Radio Orchestra | LP: LPEM 19 088/478 143/89 768 |

**march k237**

| | | |
|---|---|---|
| Berlin<br>27-30<br>June<br>1965 | Capella<br>coloniensis | LP: APM 14 363/SAPM 198 363/135 017/<br>    135 126/2535 183/2535 631/413 2541 |

**ah lo prevedi!, concert aria**

| | | |
|---|---|---|
| Munich<br>January<br>1951 | Munich PO<br>Kupper | DG unpublished |

**così fan tutte, excerpt (come scoglio!)**

| | | |
|---|---|---|
| Vienna<br>14 September<br>1953 | VSO<br>Seefried | LP: 410 8471<br>CD: 437 6772 |
| Vienna<br>14 September<br>1953 | VSO<br>Seefried<br><u>Sung in German</u> | LP: LPM 18 729 |

**così fan tutte, excerpt (per pietà)**

| | | |
|---|---|---|
| Vienna<br>14 September<br>1953 | VSO<br>Seefried | LP: 410 8471<br>CD: 437 6772 |

**don giovanni, excerpt (la ci darem la manò)**

| | | |
|---|---|---|
| Stuttgart | Württembergisches | 78: LV 36 087 |
| 8 July | Staatsorchester | 45: NL 32 016 |
| 1952 | Trötschel, | LP: LPE 17 014 |
| | Günter | |
| | <u>Sung in German</u> | |

**don giovanni, excerpts (vedrai carino; batti batti)**

| | | |
|---|---|---|
| Stuttgart | Württembergisches | DG unpublished |
| 12 October | Staatsorchester | |
| 1951 | Trötschel | |
| | <u>Sung in German</u> | |

**don giovanni, excerpt (il mio tesoro)**

| | | |
|---|---|---|
| Stuttgart | Württembergisches | DG unpublished |
| 14-15 | Staatsorchester | |
| October | W.Ludwig | |
| 1952 | | |

| | | |
|---|---|---|
| Stuttgart | Württembergisches | 78: LVM 72 305 |
| 14-15 | Staatsorchester | 45: EPL 30 033 |
| October | W.Ludwig | LP: LPE 17 014 |
| 1952 | <u>Sung in German</u> | LP: Decca (USA) DL 4073 |

**don giovanni, excerpt (dalla sua pace)**

| | | |
|---|---|---|
| Stuttgart | Württembergisches | LP: DG LPM 18 558-18 559 |
| 14-15 | Staatsorchester | |
| October | W.Ludwig | |
| 1952 | | |

| | | |
|---|---|---|
| Stuttgart | Württembergisches | 78: LVM 72 305 |
| 14-15 | Staatsorchester | 45: EPL 30 033 |
| October | W.Ludwig | LP: Decca (USA) DL 4073 |
| 1952 | <u>Sung in German</u> | |

die entführung aus dem serail, excerpt (hier soll ich dich denn sehen?)

| | | |
|---|---|---|
| Stuttgart<br>3 April<br>1951 | Württembergisches<br>Staatsorchester<br>W.Ludwig | 78: LM 68 469<br>45: EPL 30 033 |

die entführung aus dem serail, excerpt (wenn der freude tränen fliessen)

| | | |
|---|---|---|
| Munich<br>1948 | Bavarian<br>State Orchestra<br>W.Ludwig | 78: LM 68 295/57 342 |
| Stuttgart<br>3 April<br>1951 | Württembergisches<br>Staatsorchester<br>W.Ludwig | 78: LM 68 469 |

idomeneo, excerpt (non temer amato bene!)

| | | |
|---|---|---|
| Vienna<br>14 September<br>1953 | VSO<br>Seefried | 78: LVM 72 351<br>45: EPL 30 045<br>LP: Decca (USA) DL 8768/DL 9833<br>CD: 431 3482/437 6772 |

mentre ti lascio o figlia, concert aria

| | | |
|---|---|---|
| Munich<br>16-17<br>October<br>1954 | Munich PO<br>Borg | 45: EPL 30 092<br>LP: LPM 18 219 |

le nozze di figaro, overture

| | | |
|---|---|---|
| Berlin<br>12-14<br>December<br>1961 | BPO | LP: LPEM 19 406/SLPEM 136 406/2535 279<br>CD: 423 8742 |

AMBROISE THOMAS **Mignon**
AUSSCHNITTE · EXCERPTS · EXTRAITS

Anny Schlemm, Sopran · Rita Streich, Sopran · Lorenz Fehenberger, Tenor
Toni Blankenheim, Bass

Bamberger Symphoniker · Münchener Philharmoniker
Württembergisches Staatsorchester Stuttgart · Dirigent: Ferdinand Leitner

Deutsche Grammophon Gesellschaft

LPEM 19004 HI-FI

Deutsche Grammophon Gesellschaft

RICHARD STRAUSS

# Le Bou geois Gentilhomme, pus 60

The Berlin Philharmonic Orchestra
*Conductor: Ferdinand Leitner*

LONG PLAYING RECORD
33⅓

RICH RD STRAUSS · LE BOURGEOIS GENTILHOMME, OPUS 60

le nozze di figaro, excerpt (cinque! dieci!)

| | | |
|---|---|---|
| Berlin<br>12-14<br>December<br>1961 | BPO<br>Streich, Berry<br>Sung in German | LP: LPEM 19 406/SLPEM 136 406/2535 279<br>CD: 423 8742 |

le nozze di figaro (se a casa madama)

| | | |
|---|---|---|
| Berlin<br>12-14<br>December<br>1961 | BPO<br>Streich, Berry<br>Sung in German | LP: LPEM 19 406/SLPEM 136 406/2535 279<br>CD: 423 8742 |

le nozze di figaro (se vuol ballare)

| | | |
|---|---|---|
| Berlin<br>12-14<br>December<br>1961 | BPO<br>Berry<br>Sung in German | LP: LPEM 19 406/SLPEM 136 406/2535 279<br>CD: 423 8742 |

le nozze di figaro, excerpt (non so più!)

| | | |
|---|---|---|
| Berlin<br>12-14<br>December<br>1961 | BPO<br>Steffek<br>Sung in German | LP: LPEM 19 406/SLPEM 136 406/2535 279<br>CD: 423 8742 |

le nozze di figaro, excerpt (porgi amor)

| | | |
|---|---|---|
| Stuttgart<br>8 May<br>1952 | Württembergisches<br>Staatsorchester<br>Kupper | 45: EPL 30 483<br>LP: Decca (USA) DL 4065 |
| Stuttgart<br>8 May<br>1952 | Württembergisches<br>Staatsorchester<br>Kupper<br>Sung in German | 78: LV 36 087<br>45: NL 32 016<br>LP: 89 539 |
| Berlin<br>12-14<br>December<br>1961 | BPO<br>Stader<br>Sung in German | LP: LPEM 19 406/SLPEM 136 406/2535 279<br>CD: 423 8742/435 3182 |

le nozze di figaro, excerpt (voi che sapete)

| | | |
|---|---|---|
| Berlin<br>12-14<br>December<br>1961 | BPO<br>Steffek<br>Sung in German | LP: LPEM 19 406/SLPEM 136 406/2535 279<br>CD: 423 8742 |

le nozze di figaro, excerpt (venite inginocchiatevi!)

| | | |
|---|---|---|
| Stuttgart<br>14 July<br>1951 | Württembergisches<br>Staatsorchester<br>Trötschel | 78: LV 36 011<br>45: NL 32 035<br>LP: Decca (USA) DL 4065 |
| Stuttgart<br>14 July<br>1951 | Württembergisches<br>Staatsorchester<br>Trötschel<br>Sung in German | 45: NL 32 016<br>LP: LPEM 19 066/89 539 |

le nozze di figaro, excerpt (dove sono)

| | | |
|---|---|---|
| Stuttgart<br>8 May<br>1952 | Württembergisches<br>Staatsorchester<br>Kupper | 78: LVM 72 305<br>45: EPL 30 483<br>LP: Decca (USA) DL 4065 |
| Stuttgart<br>8 May<br>1952 | Württembergisches<br>Staatsorchester<br>Kupper<br>Sung in German | LP: LPEM 19 066/89 539 |
| Berlin<br>12-14<br>December<br>1961 | BPO<br>Stader<br>Sung in German | LP: LPEM 19 406/SLPEM 136 406/2535 279<br>CD: 423 8742/435 3182 |

le nozze di figaro, excerpt (crudel perchè finora)

| | | |
|---|---|---|
| Berlin<br>12-14<br>December<br>1961 | BPO<br>Streich,<br>Fischer-Dieskau<br>Sung in German | LP: LPEM 19 406/SLPEM 19 406/2535 279<br>CD: 423 8742 |

le nozze di figaro, excerpt (che soave zeffiretti)

| | | |
|---|---|---|
| Berlin<br>12-14<br>December<br>1961 | BPO<br>Stader, Streich<br><u>Sung in German</u> | LP: LPEM 19 406/SLPEM 136 406/2535 279<br>CD: 423 8742/435 3182 |

le nozze di figaro, excerpt (hai già vinta la causa)

| | | |
|---|---|---|
| Berlin<br>12-14<br>December<br>1961 | BPO<br>Fischer-Dieskau<br><u>Sung in German</u> | LP: LPEM 19 406/LPEM 19 460/<br>    SLPEM 136 406/SLPEM 136 460/<br>    2535 279<br>CD: 423 8742/447 6782 |

le nozze di figaro, excerpt (aprite quegli occhi!)

| | | |
|---|---|---|
| Berlin<br>12-14<br>December<br>1961 | BPO<br>Berry<br><u>Sung in German</u> | LP: LPEM 19 406/SLPEM 136 406/2535 279<br>CD: 423 8742 |

le nozze di figaro, excerpt (deh vieni non tardar)

| | | |
|---|---|---|
| Stuttgart<br>13 July<br>1951 | Württembergisches<br>Staatsorchester<br>Trötschel | 78: LV 36 011<br>45: NL 32 035 |
| Stuttgart<br>13 July<br>1951 | Württembergisches<br>Staatsorchester<br>Trötschel<br><u>Sung in German</u> | 45: NL 32 016<br>LP: LPEM 19 066/89 539 |
| Berlin<br>12-14<br>December<br>1961 | BPO<br>Streich<br><u>Sung in German</u> | LP: LPEM 19 406/SLPEM 136 406/2535 279<br>CD: 423 8742 |

<u>LPEM 19 066, LPEM 19 406, SLPEM 136 406, 2535 279, 89 539 and 423 8742 were all Figaro Querschnitte</u>

per questa bella mano, concert aria

| | | |
|---|---|---|
| Munich<br>16-17<br>October<br>1954 | Munich PO<br>Borg | 45: EPL 30 092<br>LP: LPM 18 219 |

les petits riens, overture

| | | |
|---|---|---|
| Munich<br>29 January<br>1954 | Bamberg SO | 78: L 62 927<br>45: NL 32 015 |
| Munich<br>13 April<br>1959 | Bavarian<br>Radio Orchestra | LP: LPM 18 579/SLPM 138 046/135 126/<br>    135 151/2548 220<br>LP: Heliodor (USA) H 25034/HS 25034 |

il rè pastore, overture

| | | |
|---|---|---|
| Vienna<br>13-14<br>September<br>1953 | VSO | 78: L 62 927<br>45: NL 32 015<br>LP: Decca (USA) DL 9768 |

il rè pastore, excerpt (l'amerò saro costante)

| | | |
|---|---|---|
| Vienna<br>14 September<br>1953 | VSO<br>Seefried<br>Schneiderhan,<br>violin | 78: LVM 72 351<br>45: EPL 30 045<br>LP: 410 8471<br>LP: Decca (USA) DL 9768/DL 9833<br>CD: 431 3482/437 6772 |

## OTTO NICOLAI (1810-1849)

**die lustigen weiber von windsor, excerpt (in einem waschkorb?)**

| Munich | Munich PO | 45: EPL 30 277 |
| 14 April | Wächter | LP: LPEM 19 049/89 648 |
| 1955 | Borg | <u>Also issued on LP by Preiser PR 135 015</u> |

**die lustigen weiber von windsor, excerpt (nein das ist wirklich doch zu keck!)**

| Munich | Munich PO | LP: LPEM 19 049/89 648 |
| 17 May | Stader, Klose | |
| 1955 | | |

**die lustigen weiber von windsor, excerpt (nun eilt herbei)**

| Munich | Munich PO | 45: EPL 30 114 |
| 17 May | Stader | LP: LPE 17 088/LPEM 19 049/89 648 |
| 1955 | | |

**die lustigen weiber von windsor, excerpt (als bublein klein)**

| Munich | Munich PO | 45: EPL 30 108 |
| 15 April | Bavarian | LP: LPEM 19 049/89 648 |
| 1955 | Radio Chorus | CD: 449 9262 |
| | Borg | |

die lustigen weiber von windsor, excerpt (horch die lerche singt im hain)

| | | |
|---|---|---|
| Stuttgart | Württembergisches | 78: LV 36 009 |
| 11 July | Staatsorchester | 45: EPL 30 293 |
| 1951 | W.Ludwig | LP: LPEM 19 049/89 648 |
| | | LP: Decca (USA) DL 4073 |
| | | Also issued on LP by Eterna 821 075 |

die lustigen weiber von windsor, excerpt (so schweb' ich dir, geliebter, zu!)

| | | |
|---|---|---|
| Munich | Munich PO | LP.: LPEM 19 049/89 648 |
| 6 January | Schlemm | |
| 1955 | | |

die lustigen weiber von windsor, excerpt (o süsser mond)

| | | |
|---|---|---|
| Munich | Bavarian Radio | 45: EPL 30 204 |
| 8 January | Orchestra & Chorus | LP: LPEM 19 048/LPEM 19 049/ |
| 1955 | | 89 573/89 648 |

LPEM 19 049 and 89 648 were Lustigen Weiber Querschnitt

Leitner

**ROBERT OBOUSSIER (1900-1957)**

**mittagsruh**

| | | |
|---|---|---|
| Berlin | Baum | 78: E 26 517 |
| 27 May | Leitner, piano | |
| 1938 | | |

**die weihe der nacht**

| | | |
|---|---|---|
| Berlin | Baum | 78: EM 15 555/57 093 |
| 27 May | Leitner, piano | |
| 1938 | | |

**zeichen**

| | | |
|---|---|---|
| Berlin | Baum | 78: E 26 517 |
| 27 May | Leitner, piano | |
| 1938 | | |

## JACQUES OFFENBACH (1819-1880)

**les contes d'hoffmann, excerpt (il était une fois à la cour d'eisenach)**

| | | |
|---|---|---|
| Stuttgart | Württembergisches | 78: LV 36 001 |
| 20 January | Staatsorchester | 45: EPL 30 554 |
| 1950 | W.Ludwig | LP: LPE 17 049 |
| | Sung in German | |

**les contes d'hoffmann, excerpt (c'est un chanson d'amour)**

| | | |
|---|---|---|
| Stuttgart | Württembergisches | DG unpublished |
| April | Staatsorchester | |
| 1951 | Wissmann, W.Ludwig | |
| | Sung in German | |

**les contes d'hoffmann, barcarolle**

| | | |
|---|---|---|
| Stuttgart | Württembergisches | 78: LM 68 397 |
| 20-22 | Staatsorchester | |
| April | and Chorus | |
| 1949 | Wissmann, Plümacher | |
| | Sung in German | |

**les contes d'hoffmann, waltz**

| | | |
|---|---|---|
| Stuttgart | Württembergisches | 78: LM 68 397 |
| 20-22 | Staatsorchester | |
| April | | |
| 1949 | | |

**orphée aux enfers, overture**

| | | |
|---|---|---|
| Munich | Bavarian | 78: 57 355 |
| 16 May | State Orchestra | |
| 1947 | | |
| Munich | Munich PO | DG unpublished |
| January | | |
| 1951 | | |

## CARL ORFF (1895-1982)

### antigonae

| | | |
|---|---|---|
| Munich<br>25 March-<br>16 April<br>1961 | Bavarian Radio<br>Orchestra & Chorus<br>Borkh, Hellmann,<br>Plümacher, Stolze,<br>Haefliger, Uhl,<br>Borg, Alexander | LP: 2709 009/2740 226<br>CD: 437 7212 |

### die bernauerin, querschnitt

| | | |
|---|---|---|
| Munich<br>24-29<br>March<br>1957 | Bavarian Radio<br>Orchestra & Chorus<br>Fölser, Holm,<br>Gold, Liewehr | LP: LPM 18 408 |

## GIOVANNI PERGOLESI (1710-1736)

### la serva padrona

| | | |
|---|---|---|
| Stuttgart<br>17-20<br>October<br>1955 | Württembergisches<br>Staatsorchester<br>Mazzoleni, Cortis | LP: APM 14 064 |

## HANS PFITZNER (1869-1949)

**symphony in c**

Berlin              BPO                    LP: LPEM 19 176/SLPEM 136 022/2543 817
1 December
1958

**das christelflein, overture**

Berlin              BPO                    45: EPL 30 537
17 January
1958

**palestrina, 3 preludes**

Berlin              BPO                    LP: LPEM 19 176/SLPEM 136 022/
16-17                                          2543 822/2726 074
January                                    CD: 439 4882
1958

## GIACOMO PUCCINI (1858-1924)

### madama butterfly

| | | |
|---|---|---|
| Stuttgart<br>28 February-<br>8 March<br>1961 | Württembergisches<br>Staatsorchester<br>and Chorus<br>Schlemm,<br>Plümacher, Konya,<br>Unger, Borg<br>Sung in German | LP: LPM 18 750-18 752/<br>     SLPM 138 750-138 752<br>Excerpts<br>LP: LPEM 19 401/SLPEM 136 401/2537 011 |

### manon lescaut, excerpt (donna non vidi mai)

| | | |
|---|---|---|
| Stuttgart<br>3 April<br>1951 | Württembergisches<br>Staatsorchester<br>W.Ludwig | 78: L 62 897<br>45: EPL 30 490/NL 32 073<br>LP: LPM 18 147 |
| Stuttgart<br>3 April<br>1951 | Württembergisches<br>Staatsorchester<br>W.Ludwig<br>Sung in German | 45: EPL 30 489/NL 32 072<br>LP: LPEM 19 043 |

### tosca, excerpts (recondita armonia; è lucevan le stelle)

| | | |
|---|---|---|
| Stuttgart<br>29 March<br>1951 | Württembergisches<br>Staatsorchester<br>Munteanu | 78: L 62 875 |

### turandot, excerpt (perchè tarda la luna?)

| | | |
|---|---|---|
| Munich<br>17 October<br>1957 | Bamberg SO<br>Bavarian Radio<br>and Boys' choir<br>Sung in German | 45: A 2682 |

## EMIL VON REZNICEK (1860-1945)

**donna diana, overture**

| | | |
|---|---|---|
| Stuttgart<br>2 May<br>1953 | Württembergisches<br>Staatsorchester | 45: EPL 30 027<br>LP: LPE 17 001/89 612 |
| Bamberg<br>13 April<br>1960 | Bamberg SO | 45: EPL 30 565/SEPL 121 565<br>LP: LPEM 19 399/SLPEM 136 399/<br>    SLPEM 136 263/2535 602/<br>    2563 936/2721 181<br>CD: 423 7812 |

## GIOACHINO ROSSINI (1792-1868)

**il barbiere di siviglia, storm entr'acte**

| | | |
|---|---|---|
| Bamberg<br>31 March<br>1953 | Bamberg SO | 45: NL 32 078<br>LP: LPE 17 001<br>LP: Decca (USA) DL 8509 |

**il barbiere di siviglia, excerpt (una voce poco fa)**

| | | |
|---|---|---|
| Berlin<br>21-23<br>October<br>1953 | Berlin RO<br>Streich | 78: LVM 72 446<br>45: EPL 30 052<br>LP: 413 8241<br>CD: 435 7482 |
| Berlin<br>21-23<br>October<br>1953 | Berlin RO<br>Streich<br><u>Sung in German</u> | 78: LVM 72 445<br>45: EPL 30 051<br>LP: LPE 17 074 |

## CAMILLE SAINT-SAENS (1835-1921)

samson et dalila, excerpts (printemps qui commence; mon coeur s'ouvre à ta voix)

| Hamburg<br>20 February<br>1950 | Philharmonisches<br>Staatsorchester<br>Höngen<br><u>Sung in German</u> | 78: LM 68 442<br>45: EPL 30 218<br>CD: DG 457 9732<br>Also issued on LP by Preiser 1111 165 |
|---|---|---|

## FRANZ SCHMIDT (1874-1939)

notre dame, intermezzo

| Stuttgart<br>21 April<br>1949 | Württembergisches<br>Staatsorchester | 78: EM 15 542/LV 36 102<br>45: EPL 30 037<br>LP: LPE 17 001/89 612 |
|---|---|---|

## FRANZ SCHUBERT (1797-1828)

### die schöne müllerin, excerpts (trock'ne blumen; ungeduld)

| | | |
|---|---|---|
| Berlin<br>February<br>1943 | Schellenberg<br>Leitner, piano | 78: LM 68 402 |

### gretchen am spinnrade; ave maria

| | | |
|---|---|---|
| Stuttgart<br>2 September<br>1950 | Lipp<br>Leitner, piano | DG unpublished |

## ROBERT SCHUMANN (1810-1856)

### symphony no 3 "rhenish"

| | | |
|---|---|---|
| Berlin<br>2-4<br>November<br>1953 | BPO | LP: LP 16 084/LPE 17 239/479 025/89 626 |

### frauenliebe und -leben, song cycle

| | | |
|---|---|---|
| Hamburg<br>17 February<br>1950 | Höngen<br>Leitner, piano | 78: LVM 72 009-72010<br>LP: LPEM 19 068<br>LP: Decca (USA) DL 9610<br>CD: 457 9732 |

BEDRICH SMETANA (1824-1884)

the bartered bride, overture, furiant and dance of the comedians

| Bamberg | Bamberg SO | 78: LVM 72 213 |
|---|---|---|
| 27 April | | 45: EPL 30 205 |
| 1952 | | |

the bartered bride, excerpt (alone at last! that dream of love!)

| Stuttgart | Württembergisches | 78: LVM 72 062 |
|---|---|---|
| 5 July | Staatsorchester | |
| 1952 | Trötschel | |
| | Sung in German | |

the bartered bride, excerpt (it must succeed)

| Stuttgart | Württembergisches | 78: LV 36 009 |
|---|---|---|
| 11 July | Staatsorchester | 45: NL 32 202 |
| 1951 | W.Ludwig | LP: Decca (USA) DL 4073 |
| | Sung in German | Also issued on LP by Eterna 821 075 |

the bartered bride, excerpt (just listen to me!/give up your foolish love affair!)

| Munich | Munich PO | LP: LPE 17 108 |
|---|---|---|
| 4 May | Fehenberger, | |
| 1949 | Hann | |
| | Sung in German | |

LOUIS SPOHR (1784-1859)

violin concerto no 8 "gesangsszene"

| Bamberg | Bamberg SO | DG unpublished |
|---|---|---|
| 16-17 | Koeckert | |
| February | | |
| 1953 | | |

## JOHANN STRAUSS II (1825-1899)

### accelerationen, waltz

| | | |
|---|---|---|
| Munich<br>30-31<br>January<br>1954 | Bamberg SO | 78: LVM 72 476<br>45: EPL 30 059 |

### bitte schön, polka

| | | |
|---|---|---|
| Stuttgart<br>21 January<br>1950 | Württembergisches<br>Staatsorchester | 78: LVM 72 011<br>LP: LP 16 003/LPE 17 029/478 123 |

### fledermaus-quadrille

| | | |
|---|---|---|
| Stuttgart<br>22 April<br>1949 | Württembergisches<br>Staatsorchester | LP: LP 16 003/LPE 17 029/478 123<br>LP: Decca (USA) DL 9507 |

### frühlingsstimmen, waltz

| | | |
|---|---|---|
| Bamberg<br>28 August<br>1952 | Bamberg SO | 78: LVM 72 476<br>45: EPL 30 059 |

### g'schichten aus dem wienerwald, waltz

| | | |
|---|---|---|
| Bamberg<br>25 August<br>1952 | Bamberg SO | LP: LPE 17 057/478 123<br>LP: Decca (USA) DL 4041/DL 8509 |

*RICHARD STRAUSS* **'Der Rosenkavalier'**
'So schnell hat sie ihn gar so lieb'   'Hab' mir's gelobt - Ist ein Traum'
**TIANA LEMNITZ**, *Soprano*   ·   **ELFRIDE TRÖTSCHEL**, *Soprano*
**GEORGINE VON MILINKOVIC**, *Contralto*
Württembergisches Staatsorchester, Stuttgart   Conducted by FERDINAND LEITNER

EPL 30141

# Richard Wagner TANHÄUSER
*Ausschnitte · Excerpts · Extraits*

LEONIE RYSANEK, SOPRAN
WOLFGANG WINDGASSEN, TENOR
EBERHARD WAECHTER, BARITON
JOSEF GREINDL, BASS

Chor des Bayerischen Rundfunks · Ferdinand Leitner
Württembergisches Staatsorchester Stuttgart

Deutsche
Grammophon
Gesellschaft

LPEM 19069 HI-FI

**kaiserwalzer**

| | | |
|---|---|---|
| Bamberg<br>30 October<br>1952 | Bamberg SO | LP: LPE 17 057/478 123<br>LP: Decca (USA) DL 4062 |

**leichtes blut, polka**

| | | |
|---|---|---|
| Stuttgart<br>21 January<br>1950 | Württembergisches<br>Staatsorchester | 78: LVM 72 011<br>45: Decca (USA) ED 3535<br>LP: LP 16 003/LPE 17 029/478 123 |

**wein weib und gesang, waltz**

| | | |
|---|---|---|
| Stuttgart<br>20 January<br>1950 | Württembergisches<br>Staatsorchester | 78: LVM 72 011<br>45: Decca (USA) ED 3524<br>LP: LP 16 003/LPE 17 029/478 123<br>LP: Decca (USA) DL 4042/DL 9507 |

**wo die zitronen blüh'n, waltz**

| | | |
|---|---|---|
| Stuttgart<br>1 September<br>1950 | Württembergisches<br>Staatsorchester<br>Lipp | 78: LM 68 447 |

## RICHARD STRAUSS (1864-1949)

**ariadne auf naxos, orchestral introduction to the opera**

| | | |
|---|---|---|
| Stuttgart<br>6 May<br>1952 | Württembergisches<br>Staatsorchester | 45: EPL 30 119<br>LP: Decca (USA) DL 4063 |

**ariadne auf naxos, excerpt (es gibt ein reich)**

| | | |
|---|---|---|
| Stuttgart<br>6 May<br>1952 | Württembergisches<br>Staatsorchester<br>Kupper | 45: EPL 30 119 |

**le bourgeois gentilhomme, incidental music**

| | | |
|---|---|---|
| Berlin<br>7 February-<br>13 May<br>1955 | BPO | LP: LPM 18 237 |

**der rosenkavalier, excerpt (di rigori armato)**

| | | |
|---|---|---|
| Stuttgart<br>26 April<br>1949 | Württembergisches<br>Staatsorchester<br>Fehenberger | DG unpublished |

der rosenkavalier, excerpt (da geht er hin...to end act one)

| | | |
|---|---|---|
| Stuttgart | Württembergisches | 78: LVM 72 147-72 148 |
| 9-11 | Staatsorchester | LP: LPM 18 011/479 012/89 698 |
| October | Lemnitz, | LP: Decca (USA) DL 9606 |
| 1951 | Milinkovic | |

der rosenkavalier, excerpt (mir ist die ehre widerfahren)

| | | |
|---|---|---|
| Stuttgart | Württembergisches | 78: LVM 72 139 |
| 12 July | Staatsorchester | LP: LPE 17 043 |
| 1951 | Trötschel, | |
| | Milinkovic | |

der rosenkavalier, excerpt (mein gott es war nicht mehr als eine farce!)

| | | |
|---|---|---|
| Stuttgart | Württembergisches | LP: LPM 18 011/479 012/89 698 |
| 9-11 | Staatsorchester | LP: Decca (USA) DL 9606 |
| October | Lemnitz, Trötschel, | |
| 1951 | Milinkovic | |

der rosenkavalier, excerpt (hab mir's gelobt!/ist ein traum kann nicht wirklich sein)

| | | |
|---|---|---|
| Stuttgart | Württembergisches | 78: LVM 72 121 |
| 9-11 | Staatsorchester | 45: EPL 30 141 |
| October | Lemnitz, Trötschel, | LP: LPM 18 011/479 012/89 698 |
| 1951 | Milinkovic | LP: Decca (USA) DL 9606 |

salome, excerpt (du wolltest mich nicht deinen mund küssen lassen)

| | | |
|---|---|---|
| Stuttgart | Württembergisches | LP: LPM 18 090 |
| 8-9 | Staatsorchester | LP: Decca (USA) DL 9778 |
| April | Goltz, Plümacher, | |
| 1951 | Windgassen | |

## PIOTR TCHAIKOVSKY (1840-1893)

### capriccio italien

| | | |
|---|---|---|
| Berlin<br>27 May<br>1959 | BPO | 45: EPL 30 551/SEPL 121 551<br>LP: LPEM 19 192/SLPEM 136 029/2535 497/<br>    2726 011/419 6561<br>CD: 427 0192 |

### casse noisette, ballet suite

| | | |
|---|---|---|
| Berlin<br>26-27<br>May<br>1959 | BPO | LP: LPEM 19 192/SLPEM 136 029/135 096/<br>    2546 305/2721 231/410 0751/415 7171<br>CD: 413 6124/427 2192/427 7962<br>Excerpts<br>45: EPL 30 570/SEPL 121 570<br>LP: 135 017/135 109/135 375/2525 295/<br>    2535 603/2535 653/2546 305/2548 174<br>CD: 423 7802/427 5272/449 6662/<br>    453 3362 |

### marche slave

| | | |
|---|---|---|
| Berlin<br>28 May<br>1959 | BPO | LP: LPEM 19 192/SLPEM 136 029/2535 497/<br>    2726 011/419 6561<br>CD: 427 0192/461 0882 |

### evgeny onegin, excerpt (faint echo of my youth)

| | | |
|---|---|---|
| Munich<br>March<br>1948 | Bavarian<br>State Orchestra<br>W.Ludwig<br>Sung in German | 78: LM 68 295/57 342<br>Two different takes may have been used |
| Munich<br>1951 | Munich PO<br>W.Ludwig<br>Sung in German | 78: LV 36 001<br>LP: LPEM 19 023/89 540 |

## AMBROISE THOMAS (1811-1896)

**mignon, overture**

| | | |
|---|---|---|
| Stuttgart<br>4 May<br>1953 | Württembergisches<br>Staatsorchester | 78: LVM 72 418<br>45: EPL 30 144<br>LP: LPEM 19 004/89 612<br>LP: Decca (USA) DL 8509 |

**mignon, entr'acte**

| | | |
|---|---|---|
| Bamberg<br>18-19<br>February<br>1953 | Bamberg SO | 45: EPL 30 257<br>LP: LPE 17 001/LPEM 19 004/89 612<br>LP: Decca (USA) DL 8509 |

**mignon, excerpt (connais-tu le pays?)**

| | | |
|---|---|---|
| Munich<br>10-12<br>September<br>1953 | Munich PO<br>Schlemm<br><u>Sung in German</u> | 78: LV 36 091<br>45: EPL 30 257/NL 32 009<br>LP: LPEM 19 004 |

**mignon, excerpt (légères hirondelles!)**

| | | |
|---|---|---|
| Munich<br>10-12<br>September<br>1953 | Munich PO<br>Schlemm,<br>Blankenheim<br><u>Sung in German</u> | 45: EPL 30 276<br>LP: LPM 18 147/LPEM 19 004/LPEM 19 043 |

**mignon, excerpt (adieu mignon! courage!)**

| | | |
|---|---|---|
| Munich<br>May<br>1950 | Munich PO<br>Fehenberger<br><u>Sung in German</u> | 45: NL 32 126<br>LP: LPEM 19 004 |

**mignon, excerpt (elle est là!)**

| | | |
|---|---|---|
| Munich | Munich PO | 78: LV 36 091 |
| 10-12 | Schlemm | 45: NL 32 009 |
| September | Sung in German | LP: LPEM 19 004 |

**mignon, excerpt (je suis titania!)**

| | | |
|---|---|---|
| Munich | Munich PO | 45: EPL 30 476 |
| September | Streich | LP: LPEM 19 137 |
| 1953 | | CD: 435 7482 |

| | | |
|---|---|---|
| Munich | Munich PO | 45: EPL 30 475 |
| September | Streich | LP: LPEM 19 004 |
| 1953 | Sung in German | |

**mignon, excerpt (de son coeur j'ai calmé)**

| | | |
|---|---|---|
| Munich | Munich PO | LP: LPEM 19 004 |
| 10-12 | Blankenheim | |
| September | Sung in German | |
| 1953 | | |

**mignon, excerpt (elle ne croyait pas!)**

| | | |
|---|---|---|
| Munich | Munich PO | 78: LV 36 100 |
| 10-12 | Fehenberger | 45: NL 32 052 |
| September | Sung in German | LP: LPEM 19 004 |
| 1953 | | |

LPEM 19 004 was a Mignon Querschnitt

## GIUSEPPE VERDI (1813-1901)

**aida, excerpt (ritorna vincitor!)**

| | | |
|---|---|---|
| Stuttgart<br>6-7<br>April<br>1951 | Württembergisches<br>Staatsorchester<br>Goltz | 78: LVM 72 116<br>45: EPL 30 026 |
| Stuttgart<br>6-7<br>April<br>1951 | Württembergisches<br>Staatsorchester<br>Goltz<br><u>Sung in German</u> | 45: EPL 30 018 |

**aida, excerpt (o patria mia!)**

| | | |
|---|---|---|
| Stuttgart<br>6-7<br>April<br>1951 | Württembergisches<br>Staatsorchester<br>Goltz | 78: LVM 72 116<br>45: EPL 30 026 |
| Stuttgart<br>6-7<br>April<br>1951 | Württembergisches<br>Staatsorchester<br>Goltz<br><u>Sung in German</u> | 45: EPL 30 018 |

**aida, excerpt (fu la sortè dell' armi)**

| | | |
|---|---|---|
| Stuttgart<br>2 April<br>1951 | Württembergisches<br>Staatsorchester<br>and Chorus<br>Kupper, Höngen<br><u>Sung in German</u> | LP: LPM 18 009/LPEM 19 027 |

**un ballo in maschera, excerpt (volta la terrea)**

| | | |
|---|---|---|
| Berlin<br>21-23<br>October<br>1953 | Berlin RO<br>Streich | 78: L 62 294<br>45: EPL 30 464/NL 32 011<br>LP: LPEM 19 137/413 8241<br>CD: 435 7842 |
| Berlin<br>21-23<br>October<br>1953 | Berlin RO<br>Streich<br><u>Sung in German</u> | 45: NL 32 013 |

**un ballo in maschera, excerpt (sapper vorreste!)**

| | | |
|---|---|---|
| Berlin<br>21-23<br>October<br>1953 | Berlin RO<br>Streich | 78: L 62 294<br>45: EPL 30 464/NL 32 011<br>LP: LPEM 19 137<br>CD: 435 7482 |
| Berlin<br>21-23<br>October<br>1953 | Berlin RO<br>Streich<br>Sung in German | LP: LPE 17 074 |

**la forza del destino, overture**

Bamberg           Bamberg SO           78: LVM 72 468
16 December                            45: Decca (USA) ED 3516
1951                                   LP: Decca (USA) DL 4016

**la forza del destino, excerpt (convent scene)**

Stuttgart         Württembergisches    LP: LP 16 020/LPE 17 030
7-8               Staatsorchester
May               and Chorus
1952              Kupper, Greindl,
                  Neidlinger
                  Sung in German

**macbeth, excerpt (una macchia è qui tuttora!)**

Stuttgart         Württembergisches    LP: LPEM 19 029/LPM 18 047
4 April           Staatsorchester      CD: DG 457 9732
1951              Höngen,              Also issued on LP by Preiser 1111 165
                  Plümacher, Grefe
                  Sung in German

**nabucco, excerpt (va pensiero!)**

Stuttgart         Württembergisches    78: LM 68 451
5 September       Staatsorchester      45: EPL 30 105
1950              and Chorus
                  Hann
                  Sung in German

**rigoletto, excerpt (questa o quella)**

| | | |
|---|---|---|
| Stuttgart | Württembergisches | 45: EPL 30 076 |
| 28 March | Staatsorchester | LP: LPE 17 011 |
| 1951 | Munteanu | |

**rigoletto, excerpt (caro nome)**

| | | |
|---|---|---|
| Berlin | Berlin RO | 78: LVM 72 446 |
| 21-23 | Streich | 45: EPL 30 052 |
| October | | LP: LPE 17 011/LPEM 19 137/413 8241 |
| 1953 | | CD: 435 7482 |
| Berlin | Berlin RO | 78: LVM 72 445 |
| 21-23 | Streich | 45: EPL 30 051 |
| October | Sung in German | LP: LPE 17 074 |
| 1953 | | |

**rigoletto, excerpt (tutte le feste)**

| | | |
|---|---|---|
| Munich | Munich PO | LP: LPE 17 011 |
| June | Streich, Uhde | |
| 1953 | | |
| Munich | Munich PO | LP: LPEM 19 043 |
| June | Streich, Uhde | |
| 1953 | Sung in German | |

LPE 17 011 was a Rigoletto Querschnitt

la traviata, preludes acts 1 and 3

Bamberg          Bamberg SO           78: LVM 72 468
16 December
1951

la traviata, excerpt (de' miei bollenti spiriti)

Stuttgart        Württembergisches    DG unpublished
28 March         Staatsorchester
1951             Munteanu

il trovatore, excerpt (vedi le fosche!)

Stuttgart        Württembergisches    78: L 62 879
13 July          Staatsorchester      LP: LPM 18 048/LPEM 19 033
1951             and Chorus           LP: Decca (USA) DL 9797
                 Sung in German

il trovatore, excerpt (condotta ell' era in ceppi/ai nostri monti)

Stuttgart        Württembergisches    78: LVM 72 120
4-5              Staatsorchester      LP: LPM 18 047/LPEM 19 029
April            Höngen, W.Ludwig     CD: DG 457 9732
1951             Sung in German       Also issued on LP by Preiser 1111 165

**128** Leitner

## RICHARD WAGNER (1813-1883)

**der fliegende holländer, excerpts (summ und brumm!;steuermann lass die wacht!)**

| | | |
|---|---|---|
| Stuttgart | Württembergisches | 78: LV 36 107 |
| 14 October | Staatsorchester | 45: NL 32 076 |
| 1951 | and Chorus | LP: LPM 18 048/LPEM 19 033/89 573 |
| | | LP: Decca (USA) DL 9797 |

**götterdämmerung, siegfried's rhine journey**

| | | |
|---|---|---|
| Stuttgart | Württembergisches | LP: LPEM 19 042/89 512 |
| 14-18 | Staatsorchester | LP: Decca (USA) DL 4072 |
| January | | |
| 1953 | | |

**götterdämmerung, excerpt (mime hiess ein mürrischer zwerg)**

| | | |
|---|---|---|
| Munich | Munich PO | 78: LVM 72 032 |
| 19 September | Lorenz, Hann | |
| 1950 | | |

**götterdämmerung, siegfried's funeral music**

| | | |
|---|---|---|
| Stuttgart | Württembergisches | LP: LPEM 19 042/89 512 |
| 17 October | Staatsorchester | LP: Decca (USA) DL 4072 |
| 1952 | | |

**götterdämmerung, excerpt (seit er von dir geschieden)**

| | | |
|---|---|---|
| Stuttgart | Württembergisches | LP: LPEM 19 042/2548 709/2700 703 |
| 18 November | Staatsorchester | Also issued on LP by Preiser 1111 165 |
| 1952 | Höngen | |

**lohengrin, excerpts (einsam in trüben tagen; euch lüften die mein klagen)**

| | | |
|---|---|---|
| Berlin | Deutsche Oper | LP: LPEM 19 546/SLPEM 136 546 |
| 30 March- | Orchestra | CD: 447 3522 |
| 4 April | Janowitz | |
| 1967 | | |

die meistersinger von nürnberg, overture

| | | |
|---|---|---|
| Stuttgart<br>30 June<br>1952 | Württembergisches<br>Staatsorchester | 45: EPL 30 111<br>LP: LP 16 028/LPE 17 032/LPEM 19 047/<br>LPX 29 260/478 098/478 126<br>LP: Decca (USA) DL 9895 |

die meistersinger von nürnberg, dance of the apprentices and entry of the masters

| | | |
|---|---|---|
| Stuttgart<br>4 July<br>1952 | Württembergisches<br>Staatsorchester | 45: EPL 30 015<br>45: Decca (USA) ED 3522<br>LP: 89 512<br>LP: Decca (USA) DL 4037 |

die meistersinger von nürnberg, excerpt (am stillen herd)

| | | |
|---|---|---|
| Stuttgart<br>16 January<br>1953 | Württembergisches<br>Staatsorchester<br>Anders | 78: L 62 896<br>45: NL 32 101 |
| Munich<br>22 February<br>1955 | Munich PO<br>Windgassen | 45: NL 32 114<br>LP: LPEM 19 047/478 126<br>LP: Decca (USA) DL 9895 |

die meistersinger von nürnberg, excerpt (morgenlich leuchtend)

| | | |
|---|---|---|
| Stuttgart<br>16 January<br>1953 | Württembergisches<br>Staatsorchester<br>Anders | 78: L 62 896<br>45: NL 32 101<br>LP: LPE 17 091/88 018/2721 212 |
| Munich<br>22 February<br>1955 | Munich PO<br>Windgassen | 45: NL 32 114<br>LP: LPEM 19 047/478 126/2721 115<br>LP: Decca (USA) DL 9895 |

die meistersinger von nürnberg, excerpt (selig wie die sonne)

| | | |
|---|---|---|
| Munich<br>15 May<br>1955 | Munich PO<br>Kupper, Töpper,<br>Windgassen,<br>Holm, Herrmann | 45: EPL 30 112<br>LP: LPEM 19 047/478 126<br>LP: Decca (USA) DL 9895 |

**die meistersinger von nürnberg, excerpt (was duftet doch der flieder)**

| | | |
|---|---|---|
| Munich | Munich PO | 45: EPL 30 109 |
| 23 February | Herrmann | LP: LPEM 19 047/478 126 |
| 1955 | | LP: Decca (USA) DL 9895 |

**die meistersinger von nürnberg, excerpt (wahn, wahn, überall wahn!)**

| | | |
|---|---|---|
| Munich | Munich PO | 45: EPL 30 109 |
| 21 February | Herrmann | LP: LPEM 19 047/478 126 |
| 1955 | | LP: Decca (USA) DL 9895 |

**die meistersinger von nürnberg, excerpt (verachtet mir die meister nicht!)**

| | | |
|---|---|---|
| Munich | Munich PO | 45: EPL 30 112 |
| 23-25 | Bavarian | LP: LPEM 19 047/478 126 |
| February | Radio Chorus | LP: Decca (USA) DL 9895 |
| 1955 | Herrmann | |

**die meistersinger von nürnberg, excerpt (wach auf!)**

| | | |
|---|---|---|
| Munich | Munich PO | LP: LPEM 19 047/LPEM 19 048/ |
| 24 February | Bavarian | 478 126/89 573 |
| 1955 | Radio Chorus | LP: Decca (USA) DL 9895 |

LPEM 19 047 and 478 126 were Meistersinger Querschnitt


**parsifal, excerpt (titurel, der fromme held)**

| | | |
|---|---|---|
| Stuttgart | Württembergisches | 78: LV 36 074 |
| 22 April | Staatsorchester | 45: NL 32 045 |
| 1952 | Greindl | Reissued by Preiser on LP PR 135 021 and CD 90124 |

**parsifal, transformation music**

| | | |
|---|---|---|
| Stuttgart | Württembergisches | 78: LVM 72 211 |
| 21-23 | Staatsorchester | 45: NL 32 213 |
| April | Greindl | |
| 1952 | | |

**parsifal, act 3 prelude**

| | | |
|---|---|---|
| Stuttgart | Württembergisches | LP: LPM 18 023 |
| 21-23 | Staatsorchester | |
| 1952 | | |

**parsifal, excerpt (von dorther kam das stöhnen/mich dünkt, ich kenne diesen klageruf/heil dir, mein gast!)**

| | | |
|---|---|---|
| Stuttgart | Württembergisches | LP: LPM 18 023 |
| 21-23 | Staatsorchester | |
| April | Greindl | |
| 1952 | | |

**parsifal, excerpt (das ist karfeitagszauber, herr!)**

| | | |
|---|---|---|
| Stuttgart | Württembergisches | 78: LVM 72 212 |
| 22 April | Staatsorchester | 45: EPL 30 025 |
| 1952 | Greindl | LP: LPM 18 023/2721 115 |

**parsifal, excerpt (zum letzten liebesmahle)**

| | | |
|---|---|---|
| Stuttgart | Württembergisches | 78: LVM 72 211 |
| 23 April | Staatsorchester | |
| 1952 | and Chorus | |

**rienzi, excerpt (gerechter gott! so ist's entschieden schon)**

| | | |
|---|---|---|
| Berlin | Deutsche Oper | LP: LPEM 19 546/SLPEM 136 546 |
| 30 March- | Orchestra | CD: 447 3522 |
| 4 April | Janowitz | |
| 1967 | | |

**rienzi, excerpt (allmächt'ger vater!)**

| | | |
|---|---|---|
| Munich | Munich PO | 45: EPL 30 226 |
| 22 February | Windgassen | LP: LPEM 19 066/2548 156 |
| 1955 | | |

**siegfried, forest murmurs**

| | | |
|---|---|---|
| Munich | Munich PO | LP: LPE 17 059 |
| 18 May | Windgassen | |
| 1955 | | |

**siegfried, excerpt (notung! neidliches schwert!)**

| | | |
|---|---|---|
| Stuttgart | Württembergisches | 45: NL 32 220 |
| 1955 | Staatsorchester | LP: LPEM 19 106/2548 156 |
| | Windgassen, | |
| | Carnuth | |

**tannhäuser, overture**

| | | |
|---|---|---|
| Stuttgart | Württembergisches | 45: 466 024 |
| 3 July | Staatsorchester | LP: LP 16 028/LPE 17 032/ |
| 1952 | | LPEM 19 069/478 413 |
| | | LP: Decca (USA) DL 4061 |

**tannhäuser, excerpt (dich teure halle!)**

| | | |
|---|---|---|
| Munich | Munich PO | 45: NL 32 102 |
| 13 April | Rysanek | LP: LPEM 19 069/2721 115 |
| 1955 | | LP: Decca (USA) DL 9928 |
| Berlin | Deutsche Oper | LP: LPEM 19 546/SLPEM 136 546 |
| 30 March- | Orchestra | CD: 447 3522 |
| 4 April | Janowitz | |
| 1967 | | |

**tannhäuser, excerpt (allmächt'ge jungfrau!)**

| | | |
|---|---|---|
| Munich | Munich PO | 45: NL 32 102 |
| 13 April | Rysanek | LP: LPEM 19 069 |
| 1955 | | LP: Decca (USA) DL 9928 |
| Berlin | Deutsche Oper | LP: LPEM 19 546/SLPEM 136 546 |
| 30 March- | Orchestra | CD: 447 3522 |
| 4 April | Janowitz | |
| 1967 | | |

**tannhäuser, excerpt (freudig begrüssen wir die edle halle!)**

| | | |
|---|---|---|
| Stuttgart | Württembergisches | 78: LM 68 448 |
| 7 September | Staatsorchester | 45: EPL 30 015 |
| 1950 | and Chorus | LP: 89 512 |

**tannhäuser, excerpt (blick' ich umher in diesem edlen kreise)**

| | | |
|---|---|---|
| Munich | Bamberg SO | 45: EPL 30 234 |
| 9-10 | Wächter | LP: LPEM 19 069 |
| February | | LP: Decca (USA) DL 9928 |
| 1956 | | Also issued on LP by Preiser PR 135 015 |

**tannhäuser, excerpt (o du mein holder abendstern!)**

| | | |
|---|---|---|
| Munich | Bamberg SO | 45: EPL 30 234/NL 32 151 |
| 9-10 | Wächter | LP: LPEM 19 069 |
| February | | LP: Decca (USA) DL 9928 |
| 1956 | | Also issued on LP by Preiser PR 135 015 |

LPEM 19 069 and DL 9928 were Tannhäuser Querschnitt

**tristan und isolde, prelude and liebestod**

| | | |
|---|---|---|
| Stuttgart | Württembergisches | LP: LPEM 19 018/89 512 |
| 29 June | Staatsorchester | LP: Decca (USA) DL 4038 |
| 1952 | | Prelude only |
| | | LP: LPE 17 080/478 413 |
| | | Liebestod only |
| | | 45: EPL 30 219 |
| | | 45: Decca (USA) ED 3522 |

**tristan und isolde, excerpt (isolde! geliebte! tristan! geliebter!)**

| | | |
|---|---|---|
| Bamberg | Bamberg SO | LP: LPEM 19 193/SLPEM 136 030 |
| 14-16 | Varnay, | |
| April | Windgassen | |
| 1959 | | |

**tristan und isolde, excerpt (sink hernieder, nacht der liebe/einsam wachend)**

| | | |
|---|---|---|
| Munich | Munich PO | 78: LVM 72 031-72 032 |
| 22 September | Goltz, Wysor, | |
| 1950 | Lorenz | |
| | | |
| Bamberg | Bamberg SO | LP: LPEM 19 193/SLPEM 136 030 |
| 14-16 | Varnay, Töpper, | CD: 423 9552 |
| April | Windgassen | Sink hernieder only |
| 1959 | | LP: 2538 058 |

**tristan und isolde, excerpt (tatest du's wirklich?)**

| | | |
|---|---|---|
| Munich | Munich PO | LP: LPEM 19 018 |
| 18 October | Borg | LP: Decca (USA) DL 9897 |
| 1954 | | CD: 449 9262 |

**tristan und isolde, excerpt (mild und leise)**

| | | |
|---|---|---|
| Bamberg | Bamberg SO | 45: EPL 30 466 |
| 14-16 | Varnay | LP: LPEM 19 193/SLPEM 136 030/2548 113 |
| April | | CD: 423 9552 |
| 1959 | | <u>423 9552 incorrectly dated October 1957</u> |

<u>LPEM 19 193 and SLPEM 136 030 were Tristan Querschnitt</u>

**die walküre, act one**

| | | |
|---|---|---|
| Stuttgart | Württembergisches | LP: LPM 18 022-18 023/2548 735 |
| 17-20 | Staatsorchester | LP: Decca (USA) DX 121 |
| November | Müller, | <u>Excerpts</u> |
| 1951 | Windgassen, | 45: EPL 30 031/EPL 30 468/EPL 30 501 |
| | Greindl | |

**die walküre, ride of the valkyries**

| | | |
|---|---|---|
| Stuttgart | Württembergisches | 78: LV 36 071 |
| 4 July | Staatsorchester | 45: EPL 30 031/EPL 30 468 |
| 1952 | | 45: Decca (USA) ED 3523 |
| | | LP: Decca (USA) DL 4030 |

**die walküre, magic fire music**

| | | |
|---|---|---|
| Stuttgart | Württembergisches | 78: LV 36 071 |
| 18 October | Staatsorchester | 45: EPL 30 219/EPL 30 468 |
| 1952 | | LP: Decca (USA) DL 4072 |

## CARL MARIA VON WEBER (1786-1826)

**der freischütz, entr'acte**

| | | |
|---|---|---|
| Munich<br>29-31<br>January<br>1954 | Bamberg SO | LP: LPEM 19 013/89 537<br>LP: Decca (USA) DL 9797<br>LP: Heliodor (USA) H 25016/HS 25016 |

**der freischütz, excerpt (leise leise)**

| | | |
|---|---|---|
| Munich<br>30 January<br>1954 | Bamberg SO<br>Schlemm | 78: LVM 72 477<br>45: EPL 30 060<br>LP: LPEM 19 013/89 537<br>LP: Decca (USA) DL 9797<br>LP: Heliodor (USA) H 25016/HS 25016 |
| Berlin<br>30 March-<br>4 April<br>1967 | Deutsche Oper<br>Orchestra<br>Janowitz | LP: LPEM 19 546/SLPEM 136 546<br>CD: 447 3522 |

**der freischütz, excerpt (und ob die wolke)**

| | | |
|---|---|---|
| Munich<br>30 January<br>1954 | Bamberg SO<br>Schlemm | 78: LVM 72 477<br>45: EPL 30 060<br>LP: LPEM 19 013/89 537<br>LP: Decca (USA) DL 9797<br>LP: Heliodor (USA) H 25016/HS 25016 |
| Berlin<br>30 March-<br>4 April<br>1967 | Deutsche Oper<br>Orchestra<br>Janowitz | LP: LPEM 19 546/SLPEM 136 546<br>CD: 447 3522 |

der freischütz, excerpt (hier im ird'schen jammertal!)

| | | |
|---|---|---|
| Munich | Bamberg SO | LP: LPEM 19 013/89 537 |
| 29-31 | Uhde | LP: Decca (USA) DL 9797 |
| January | | LP: Heliodor (USA) H 25016/HS 25016 |
| 1954 | | |

der freischütz, excerpt (schweig damit dich niemand warnt!)

| | | |
|---|---|---|
| Munich | Bamberg SO | LP: LPEM 19 013/89 537 |
| 29-31 | Uhde | LP: Decca (USA) DL 9797 |
| January | | LP: Heliodor (USA) H 25016/HS 25016 |
| 1954 | | |

der freischütz, huntsmens' chorus

| | | |
|---|---|---|
| Stuttgart | Württembergisches | 78: L 62 888 |
| 2-3 | Staatsorchester | 45: NL 32 100 |
| July | and Chorus | LP: LPM 18 048/LPEM 19 013/ |
| 1952 | | LPEM 19 033/89 537 |
| | | LP: Decca (USA) DL 9797/DL 4056 |
| | | LP: Heliodor (USA) H 25016/HS 25016 |

der freischütz, bridesmaids' chorus

| | | |
|---|---|---|
| Stuttgart | Württembergisches | 78: L 62 888 |
| 2-3 | Staatsorchester | 45: NL 32 100 |
| July | and Chorus | LP: LPM 18 048/LPEM 19 033/89 573 |
| 1952 | | LP: Decca (USA) DL 4056 |

LPEM 19 013, 89 537, DL 9797, H 25016 and HS 25016 were Freischütz Querschnitt

**euryanthe, overture**

| | | |
|---|---|---|
| Bamberg<br>26 August<br>1952 | Bamberg SO | LP: LPM 18 058/LPEM 19 037/<br>   478 120/89 858<br>LP: Decca (USA) DL 4057 |

**jubel, overture**

| | | |
|---|---|---|
| Bamberg<br>27 April<br>1952 | Bamberg SO | 78: LVM 72 216<br>45: EPL 30 058<br>LP: LPM 18 058/LPEM 19 037/<br>   478 120/89 858<br>LP: Decca (USA) DL 4054 |

**oberon, excerpts (ozean du ungeheuer!; traure mein herz)**

| | | |
|---|---|---|
| Berlin<br>30 March–<br>4 April<br>1967 | Deutsche Oper<br>Orchestra<br>Janowitz | LP: LPEM 19 546/SLPEM 136 546<br>CD: 447 3522 |

**aufforderung zum tanz**

| | | |
|---|---|---|
| Bamberg<br>26 April<br>1952 | Bamberg SO | 78: LVM 72 216<br>45: EPL 30 058<br>LP: Decca (USA) DL 8509 |

**HUGO WOLF (1860-1903)**

**der corregidor, entr'acte**

| | | |
|---|---|---|
| Stuttgart | Württembergisches | 45: NL 32 209 |
| 28 April | Staatsorchester | |
| 1949 | | |

**der corregidor, excerpt (herz verzage nicht geschwind!)**

| | | |
|---|---|---|
| Stuttgart | Württembergisches | 78: L 62 886 |
| 3 April | Staatsorchester | 45: NL 32 209 |
| 1951 | W.Ludwig | |

**anakreons grab**

| | | |
|---|---|---|
| Berlin | Rohs | Grammophon unpublished |
| 15 October | Leitner, piano | |
| 1942 | | |

ERMANNO WOLF-FERRARI (1876-1948)

i gioielli della madonna, intermezzo 1

| | | |
|---|---|---|
| Stuttgart<br>28 April<br>1949 | Württembergisches<br>Staatsorchester | 78: LV 36 102/EM 15 542<br>LP: LPE 17 001/89 612 |

i gioielli della madonna, intermezzo 2

| | | |
|---|---|---|
| Stuttgart<br>3 May<br>1953 | Württembergisches<br>Staatsorchester | 45: EPL 30 027/EPL 30 037<br>LP: LPE 17 001/89 612 |

**FOLKSONGS**

**bolero/spanish folksong**

| | | |
|---|---|---|
| Berlin<br>15 October<br>1942 | Rohs<br>Leitner, piano | 78: L 62 854 |

**the nightingale/catalan folksong**

| | | |
|---|---|---|
| Berlin<br>15 October<br>1942 | Rohs<br>Leitner, piano | 78: L 62 854 |

*Offenbach* **THE TALES OF HOFFMANN**
Barcarolle · Waltzes from Act 1
*Thomas* **MIGNON**
Intermezzo · Kennst du das Land
ANNY SCHLEMM · GRACE HOFFMAN · BAVARIAN RADIO CHORUS · BAMBERG SYMPHONY
ORCHESTRA · MUNICH PHILHARMONIC ORCHESTRA · Ferdinand Leitner/Heinrich Hollreiser

EPL 30257

# Eugen Jochum
# 1902-1987

*Franz Schubert*

# SINFONIE NR. 7 (9) C-DUR OP. POSTH.

Symphony No. 9 in C major, Posth. · 9ème Symphonie en do majeur, posth.

*Sinfonie-Orchester des Bayerischen Rundfunks · Dirigent: Eugen Jochum*

LPM 18 497  HI-FI

# LUDWIG VAN BEETHOVEN (1770-1827)

## symphony no 1

| | | |
|---|---|---|
| Munich<br>3-5<br>April<br>1959 | Bavarian<br>Radio Orchestra | LP: LPM 18 519/SLPM 138 047/<br>    LPEM 19 293-19 299/<br>    2538 074/2548 224 |

## symphony no 2

| | | |
|---|---|---|
| Berlin<br>27-31<br>January<br>1958 | BPO | LP: LPEM 19 173/LPEM 19 293-19 299/<br>    SLPEM 136 019/2538 075/2548 214 |

## symphony no 3 "eroica"

| | | |
|---|---|---|
| Berlin<br>1-7<br>February<br>1954 | BPO | LP: LPM 18 179/LPEM 19 293-19 299/<br>    478 072/89 642<br>LP: Decca (USA) DL 9865<br>Excerpts<br>LP: LPM 18 734/LPEM 19 074<br>Excerpt also reissued on CD by<br>Tahra TAH 232-235 |

## symphony no 4

| | | |
|---|---|---|
| Berlin<br>16-19<br>November<br>1956 | BPO | LP: LPM 18 206/LPEM 19 293-19 299/<br>    478 444 |
| Berlin<br>26-31<br>January<br>1961 | BPO | LP: LPM 18 694/SLPM 138 694/2548 225 |

**144** Jochum

**symphony no 5**

| | | |
|---|---|---|
| Munich<br>25-27<br>April<br>1959 | Bavarian<br>Radio Orchestra | LP: LPE 17 216/LPM 18 578/SLPM 138 024/<br>    LPEM 19 293-19 299/2538 060/2548 255<br>CD: 427 1952/429 5332 |

**symphony no 6 "pastoral"**

| | | |
|---|---|---|
| Berlin<br>9-16<br>November<br>1954 | BPO | LP: LPM 18 202/LPEM 19 293-19 299/<br>    478 429/89 503<br>LP: Decca (USA) DL 9892 |

**symphony no 7**

| | | |
|---|---|---|
| Berlin<br>12-14<br>November<br>1952 | BPO | LP: LPM 18 069/LPEM 19 293-19 299/478 439<br>LP: Decca (USA) DL 9690 |

**symphony no 8**

| | | |
|---|---|---|
| Berlin<br>30 April-<br>5 May<br>1958 | BPO | LP: LPM 18 519/SLPM 138 037/<br>    LPEM 19 293-19 299/<br>    2538 074/2548 224<br>CD: 461 2092 |

**symphony no 9 "choral"**

| | | |
|---|---|---|
| Munich<br>24 November-<br>2 December<br>1952 | Bavarian Radio<br>Orchestra & Chorus<br>Ebers, Pitzinger,<br>W.Ludwig, Frantz | 78: LVM 72 306-72 310<br>LP: LP 16 070-LPM 18 070/<br>    LPEM 19 293-19 299<br>Choral movement<br>LP: LPEM 19 074 |

**piano concerto no 1**

| | | |
|---|---|---|
| Vienna<br>4-10<br>November<br>1982 | VPO<br>Pollini | LP: 2532 103/2740 284<br>CD: 410 5112/419 7932 |

**piano concerto no 2**

| | | |
|---|---|---|
| Vienna<br>4-10<br>November<br>1982 | VPO<br>Pollini | LP: 2740 284<br>CD: 413 4452/419 7932 |

**violin concerto**

| | | |
|---|---|---|
| Berlin<br>29-30<br>April<br>1959 | BPO<br>Schneiderhan | LP: SLPM 138 045 |
| Berlin<br>17-20<br>May<br>1962 | BPO<br>Schneiderhan | LP: SLPM 138 999/135 081/2535 120<br>CD: 413 1452/447 4032/427 1972 |

**fidelio, overture**

| | | |
|---|---|---|
| Munich<br>27 April<br>1959 | Bavarian<br>Radio Orchestra | LP: LPM 18 578/SLPM 138 024/2538 060/<br>2548 138/2548 225/2548 255 |

**die geschöpfe des prometheus, overture**

| | | |
|---|---|---|
| Munich<br>3 October<br>1958 | Bavarian<br>Radio Orchestra | LP: LPEM 19 173/SLPEM 136 019/135 041/<br>478 444/2538 075/2548 214 |

**leonore no 2, overture**

| | | |
|---|---|---|
| Berlin<br>25-26<br>January<br>1961 | BPO | LP: LPM 18 694/SLPM 138 694/135 041/<br>2548 138/2548 225<br>CD: 413 1452 |

**die ruinen von athen, overture**

| | | |
|---|---|---|
| Munich<br>3 October<br>1958 | Bavarian<br>Radio Orchestra | LP: LPEM 19 173/SLPEM 136 019/135 041/<br>2538 075/2548 138/2548 214<br>CD: 413 1442 |

## JOHANNES BRAHMS (1833-1897)

### symphony no 1

| | | |
|---|---|---|
| Berlin<br>11-16<br>December<br>1953 | BPO | LP: LPM 18 182/LPM 18 451-18 454<br>CD: 449 7152<br>Excerpt<br>LP: LPM 18 734<br>Excerpt also issued on CD by Tahra<br>TAH 232-235 |

### symphony no 2

| | | |
|---|---|---|
| Berlin<br>24 May<br>1951 | BPO | 78: LVM 72 080-72 082<br>LP: LPM 18 008/LPM 18 451-18 454/478 085<br>LP: Decca (USA) DL 9556<br>CD: 449 7152 |

### symphony no 3

| | | |
|---|---|---|
| Berlin<br>17-20<br>April<br>1956 | BPO | LP: LPM 18 309/LPM 18 451-18 454/478 440<br>CD: 449 7152 |

### symphony no 4

| | | |
|---|---|---|
| Berlin<br>7-10<br>December<br>1953 | BPO | LP: LPM 18 183/LPM 18 451-18 454/<br>478 079/2548 110<br>LP: Decca (USA) DL 9866<br>CD: 449 7152<br>Also reissued in unauthorised editions<br>on LP by Longanesi GCL 37 and on CD by<br>Memories HR 4246 |

## piano concerto no 1

| | | |
|---|---|---|
| Berlin<br>16-17<br>June<br>1972 | BPO<br>Gilels | LP: 2530 258/2535 390/2707 064/2726 082<br>CD: 419 1582/439 9792 |

## piano concerto no 2

| | | |
|---|---|---|
| Berlin<br>12-13<br>June<br>1972 | BPO<br>Gilels | LP: 2530 259/2707 064/2726 082<br>CD: 419 1582/435 5882/439 4662/439 7412 |

## violin concerto

| | | |
|---|---|---|
| Vienna<br>11-14<br>December<br>1974 | VPO<br>Milstein | LP: 2530 592 |

## haydn variations

| | | |
|---|---|---|
| London<br>18-19<br>March<br>1977 | LSO | LP: 2530 586<br>CD: 413 4242 |

## ANTON BRUCKNER (1824-1896)

### symphony no 1

| | | |
|---|---|---|
| Berlin<br>16-19<br>October<br>1965 | BPO | LP: SKL 929-939/SLPEM 139 131/2720 047/<br>2721 010/2740 135<br>CD: 429 0792 |

### symphony no 2

| | | |
|---|---|---|
| Munich<br>27-29<br>December<br>1966 | Bavarian<br>Radio Orchestra | LP: SKL 929-939/SLPEM 139 132/2720 047/<br>2721 010/2740 136<br>CD: 429 0792 |

### symphony no 3

| | | |
|---|---|---|
| Munich<br>30 December<br>1966-<br>8 January<br>1967 | Bavarian<br>Radio Orchestra | LP: SKL 929-939/SLPEM 139 133/2720 047/<br>2721 010/2740 136/2535 265<br>CD: 429 0792<br>Rehearsal and performance extract<br>LP: 104 808 |

### symphony no 4 "romantic"

| | | |
|---|---|---|
| Munich<br>3-5<br>October<br>1955 | Bavarian<br>Radio Orchestra | LP: LPEM 19 055-19 056/<br>LPEM 19 057-19 058<br>LP: Decca (USA) DXE 146 |
| Berlin<br>22 June-<br>5 July<br>1965 | BPO | LP: SKL 929-939/SLPEM 139 134-139 135/<br>2720 047/2721 010/2740 136/<br>2707 025/2535 111<br>CD: 429 0792/427 2002/449 7182 |

**symphony no 5**

| | | |
|---|---|---|
| Munich<br>8-15<br>February<br>1958 | Bavarian<br>Radio Orchestra | LP: LPM 18 500-18 501/<br>    SLPM 138 004-138 005/SKL 929-939/<br>    SLPM 138 967-138 968/2707 020/<br>    2720 047/2721 010/2726 074/2740 136<br>CD: 429 0792<br>Excerpt<br>LP: LPM 18 734<br>Excerpt also issued on CD by<br>Tahra TAH 232-235 |

**symphony no 6**

| | | |
|---|---|---|
| Munich<br>1-3<br>July<br>1966 | Bavarian<br>Radio Orchestra | LP: SKL 929-939/SLPEM 139 136/2720 047/<br>    2721 010/2740 136<br>CD: 429 0792 |

**symphony no 7**

| | | |
|---|---|---|
| Berlin<br>28 March-<br>2 April<br>1952 | BPO | LP: LPM 18 033-18 034/LPM 18 112-18 113<br>LP: Decca (USA) DXE 146 |
| Berlin<br>6-10<br>October<br>1964 | BPO | LP: SKL 929-939/SLPEM 139 137-139 138/<br>    2707 026/2720 047/2721 010/<br>    2726 054/2740 136<br>CD: 429 0792 |

150  Jochum

**symphony no 8**

| | | |
|---|---|---|
| Hamburg<br>26 January-<br>4 February<br>1949 | Philharmonisches<br>Staatsorchester | 78: LV 68 338-68 348/LV 69 548-69 555<br>LP: LPM 18 124-18 125/LPM 18 051-18 052/<br>     478 430-478 431<br>LP: Decca (USA) DX 109<br>CD: 449 7582 |
| Berlin<br>13-24<br>January<br>1964 | BPO | LP: SKL 929-939/SLPM 138 918-138 919/<br>     2707 017/2720 047/2721 010/<br>     2726 077/2740 136<br>CD: 429 0792/431 1632 |

**symphony no 9**

| | | |
|---|---|---|
| Munich<br>22-28<br>November<br>1954 | Bavarian<br>Radio Orchestra | LP: LPM 18 247-18 248/89 551<br>LP: Decca (USA) DX 139<br>LP: Heliodor (USA) H 25007/HS 25007<br>CD: 449 7582 |
| Berlin<br>1-5<br>December<br>1964 | BPO | LP: SKL 929-939/SLPEM 139 117-139 118/<br>     2707 024/2720 047/2721 010/<br>     2535 173/2740 136<br>CD: 429 0792/429 5142/422 4642 |

**mass no 1**

| | | |
|---|---|---|
| Munich<br>7-8<br>January<br>1972 | Bavarian Radio<br>Orchestra & Chorus<br>Mathis, Schiml,<br>Ochman, Ridderbusch | LP: 2530 314/2720 054<br>CD: 423 1272/447 4092 |

**mass no 2**

| | | |
|---|---|---|
| Munich<br>8-10<br>February<br>1971 | Bavarian Radio<br>Wind Ensemble<br>and Chorus | LP: 2530 139/2720 054<br>CD: 423 1272/447 4092 |

**mass no 3**

| Munich | Bavarian Radio | LP: LPM 18 829/SLPM 138 829/2720 054 |
| 4-6 | Orchestra & Chorus | CD: 423 1272/447 4092 |
| July | Stader, Hellmann, | Gloria only |
| 1962 | Haefliger, Borg | LP: LPEM 19 491/SLPEM 139 999 |

**te deum**

| Munich | Bavarian Radio | 78: LVM 72 020-72 021 |
| 24-26 | Orchestra & Chorus | LP: LP 16 002/LPE 17 155/ |
| July | Cunitz, Pitzinger, | LPM 18 247-18 248 |
| 1950 | Fehenberger, Hann | LP: Decca (USA) DX 109 |

| Berlin | BPO | LP: SLPEM 139 117-139 118/SLPEM 136 552/ |
| 28 June- | Deutsche Oper | SLPEM 139 999/2707 026/ |
| 2 July | Chorus | 2720 054/2740 136 |
| 1965 | Stader, Wagner, | CD: 423 1272 |
| | Haefliger, Lagger | |

**psalm 150**

| Berlin | BPO | LP: SLPEM 139 137-139 138/ |
| 28 June- | Deutsche Oper | SLPEM 139 999/2720 054 |
| 2 July | Chorus | CD: 423 1272 |
| 1965 | Stader | |

WOLFGANG AMADEUS MOZART
# Eine kleine Nachtmusik, K. 525
Bavarian Radio Chamber Orchestra · Eugen Jochum

EPL 30053

Deutsche Grammophon Gesellschaft

LPEM 19120 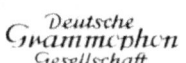 HI-FI

MOZART: SINFONIE NR. 40 G-MOLL KV 550
SCHUBERT: SINFONIE NR. 5 B-DUR
EUGEN JOCHUM · SINFONIE-ORCHESTER DES BAYERISCHEN RUNDFUNKS

154  Jochum

**motet: ave maria**

| | | |
|---|---|---|
| Munich<br>24-26<br>June<br>1966 | Bavarian<br>Radio Chorus | LP: SLPEM 139 134-139 135/SLPEM 136 552/<br>    2707 025/2545 055/2720 054<br>CD: 423 1272 |

**motet: locus iste**

| | | |
|---|---|---|
| Munich<br>24-26<br>June<br>1966 | Bavarian<br>Radio Chorus<br>Holm | LP: SLPEM 136 552/2707 025/2720 054<br>CD: 423 1272 |

**motet: tota pulchra es**

| | | |
|---|---|---|
| Munich<br>24-26<br>June<br>1966 | Bavarian<br>Radio Chorus<br>Holm | LP: SLPEM 139 134-139 135/SLPEM 136 552/<br>    2707 025/2720 054<br>CD: 423 1272 |

**motets: afferentur regi; pange lingua**

| | | |
|---|---|---|
| Munich<br>24-26<br>June<br>1966 | Bavarian<br>Radio Chorus | LP: 2530 139/2720 054<br>CD: 423 1272 |

**motets: christus factus est; os justi; vexilla regis**

| | | |
|---|---|---|
| Munich<br>24-26<br>June<br>1966 | Bavarian<br>Radio Chorus | LP: SLPEM 139 137-139 138/<br>    2707 026/2720 054<br>CD: 423 1272 |

**motets: ecce sacerdos; virga jesse**

| | | |
|---|---|---|
| Munich<br>24-26<br>June<br>1966 | Bavarian<br>Radio Chorus | LP: SLPEM 139 134-139 135/SLPEM 136 552/<br>    2707 025/2720 054<br>CD: 423 1272 |

EDWARD ELGAR (1857-1934)

**enigma variations**

| | | |
|---|---|---|
| London<br>18-19<br>March<br>1975 | LSO | LP: 2530 586<br>CD: 413 8522/439 4462 |

GEORGE FRIDERIC HANDEL (1685-1759)

**organ concerto op 4 no 4**

| | | |
|---|---|---|
| Munich<br>10 January<br>1959 | Bavarian<br>Radio Orchestra<br>Schneider | LP: LPM 18 545-18 546/<br>    SLPM 138 028-138 029<br>CD: 413 1482 |

## FRANZ JOSEF HAYDN (1732-1809)

### saint cecilia mass

| | | |
|---|---|---|
| Munich<br>10-12<br>October<br>1958 | Bavarian Radio<br>Orchestra & Chorus<br>Stader, Höffgen,<br>Holm, Greindl | LP: LPM 18 545-18 546/<br>    SLPM 138 028-138 029<br>CD: 437 3832<br>Excerpts<br>LP: LPM 18 734/LPEM 19 491/SLPEM 136 491<br>Excerpt also reissued on CD by<br>Tahra TAH 232-235 |

### symphony no 88

| | | |
|---|---|---|
| Berlin<br>October<br>1961 | BPO | LP: LPM 18 823/SLPM 138 823/2548 241 |

### symphony no 91

| | | |
|---|---|---|
| Munich<br>2-3<br>March<br>1958 | Bavarian<br>Radio Orchestra | LP: LPM 18 499/SLPM 138 007/2548 147<br>LP: Decca (USA) DL 9984 |

### symphony no 93

| | | |
|---|---|---|
| Barking<br>19-20<br>April<br>1972 | LPO | LP: 2740 064<br>CD: 437 2012 |

### symphony no 94 "surprise"

| | | |
|---|---|---|
| Barking<br>19 April<br>1972 | LPO | LP: 2530 628/2545 008/2720 064<br>CD: 423 8832/437 2012 |

## symphony no 95

| | | |
|---|---|---|
| Barking<br>19-20<br>April<br>1972 | LPO | LP: 2530 420/2720 064<br>CD: 437 2012 |

## symphony no 96 "miracle"

| | | |
|---|---|---|
| Barking<br>23-27<br>October<br>1972 | LPO | LP: 2530 420/2720 064<br>CD: 437 2012 |

## symphony no 97

| | | |
|---|---|---|
| Barking<br>23-27<br>October<br>1972 | LPO | LP: 2720 064<br>CD: 437 2012 |

## symphony no 98

| | | |
|---|---|---|
| Berlin<br>23-25<br>May<br>1962 | BPO | LP: LPM 18 823/SLPM 138 823/2548 241 |
| Barking<br>23-27<br>October<br>1972 | LPO | LP: 2720 064<br>CD: 437 2012 |

## symphony no 99

| | | |
|---|---|---|
| Barking<br>1-4<br>February<br>1973 | LPO | LP: 2530 459/2720 064<br>CD: 437 2012 |

158  Jochum

### symphony no 100 "military"

Barking        LPO          LP: 2530 459/2535 347/2720 064
1-4                         CD: 437 2012
February
1973

### symphony no 101 "clock"

Barking        LPO          LP: 2530 608/2720 064
1-4                         CD: 423 8832/437 2012
February
1973

### symphony no 102

Barking        LPO          LP: 2720 064
25-28                       CD: 437 2012
October
1971

### symphony no 103 "drum roll"

Munich         Bavarian     LP: LPM 18 499/SLPM 138 007/2548 147
28 February-   Radio Orchestra   LP: Decca (USA) DL 9984
2 March
1958

Barking        LPO          LP: 2530 525/2535 392/2720 064
25-28                       CD: 437 2012
October
1971

### symphony no 104 "london"

Barking        LPO          LP: 2530 525/2535 347/2543 531/2720 064
25-28                       CD: 437 2012/439 4282
October
1971

## KARL HOELLER (born 1907)

### sweelinck variations

| | | |
|---|---|---|
| Munich<br>28-29<br>October<br>1957 | Bavarian<br>Radio Orchestra | LP: LPM 18 407 |

### symphonic fantasy

| | | |
|---|---|---|
| Munich<br>1-2<br>June<br>1957 | Bavarian<br>Radio Orchestra | LP: LPM 18 407 |

## GUSTAV MAHLER (1860-1911)

### das lied von der erde

| | | |
|---|---|---|
| Amsterdam<br>26 March-<br>2 April<br>1963 | Concertgebouw<br>Orchestra<br>Merriman,<br>Haefliger | LP: LPM 18 865/SLPM 138 865/2535 184<br>CD: 439 4712 |

## WOLFGAND AMADEUS MOZART (1756-1791)

### symphony no 33

| | | |
|---|---|---|
| Munich<br>29-30<br>November<br>1954 | Bavarian<br>Radio Orchestra | LP: LPM 18 228/478 435/89 621<br>LP: Decca (USA) DL 9920 |

### symphony no 36 "linz"

| | | |
|---|---|---|
| Munich<br>2 October<br>1955 | Bavarian<br>Radio Orchestra | LP: LPM 18 228/478 435/89 621<br>LP: Decca (USA) DL 9920 |

### symphony no 39

| | | |
|---|---|---|
| Munich<br>1-2<br>June<br>1954 | Bavarian<br>Radio Orchestra | LP: LP 16 099/LPX 29 251/478 133/89 620<br>LP: Decca (USA) DL 9977<br><u>Excerpt</u><br>LP: LPM 18 734<br><u>Excerpt also reissued on CD by<br>Tahra TAH 232-235</u> |

### symphony no 40

| | | |
|---|---|---|
| Munich<br>26-27<br>October<br>1957 | Bavarian<br>Radio Orchestra | LP: LPEM 19 120/478 445/89 676<br>LP: Decca (USA) DL 9977 |

### symphony no 41 "jupiter"

| | | |
|---|---|---|
| Boston<br>26-27<br>January<br>1973 | Boston SO | LP: 2530 357/2543 531 |

**violin concerto no 4**

| | | |
|---|---|---|
| Munich<br>3-4<br>November<br>1952 | Bavarian<br>Radio Orchestra<br>Martzy | LP: LP 16 119/LPX 29 251/478 133/89 620 |

**serenade no 10 for 13 wind instruments**

| | | |
|---|---|---|
| Munich<br>9-14<br>July<br>1962 | Members of<br>Bavarian<br>Radio Orchestra | LP: LPM 18 830/SLPM 138 830/2542 001 |

**serenade no 13 "eine kleine nachtmusik"**

| | | |
|---|---|---|
| Munich<br>3 October<br>1950 | Members of<br>Bavarian<br>Radio Orchestra | 78: LVM 72 057-72 058/LVM 72 440<br>45: EPL 30 053<br>LP: LPE 17 020/89 625<br>LP: Decca (USA) DL 9513<br>Excerpt<br>LP: LPM 18 734<br>Excerpt also reissued on CD by<br>Tahra TAH 232-235 |

**requiem**

| | | |
|---|---|---|
| Vienna<br>29 November-<br>2 December<br>1955 | VSO<br>Vienna Opera<br>Chorus<br>Seefried,<br>Pitzinger,<br>Holm, Borg | LP: LPEM 19 504-19 505/LPM 18 284/89 508/<br>    APM 14 111-14 112<br>LP: Decca (USA) DL 8935/ARC 3048-3049<br>LP: Heliodor (USA) H 25000/HS 25000<br>CD: 437 3892<br>LPEM 19 504-19 505 and APM 14 111-14 112<br>also included liturgy of the service in<br>St Stephen's Cathedral at which the<br>performance was recorded, on the eve of<br>Mozart bi-centenary celebrations |

## così fan tutte

| | | |
|---|---|---|
| Berlin<br>8-17<br>December<br>1962 | BPO<br>RIAS Choir<br>Seefried,<br>Merriman, Köth,<br>Haefliger, Prey,<br>Fischer-Dieskau | LP: LPM 18 861-18 863/<br>SLPM 138 861-138 863/<br>2709 012/2728 010<br>CD: 449 5802<br>Excerpts<br>LP: LPM 18 792/LPEM 19 278/LPEM 19 477/<br>SLPM 138 792/SLPEM 136 278/<br>SLPEM 136 477/135 040/135 113/<br>2535 300/2535 476/2537 019/<br>2548 116/410 8471<br>CD: 437 6772 |

## die entführung aus dem serail

| | | |
|---|---|---|
| Munich<br>12-22<br>December<br>1965 | Bavarian State<br>Orchestra & Chorus<br>Köth, Schädle,<br>Wunderlich,<br>Lenz, Böhme | LP: SLPEM 139 213-139 215/<br>2709 021/2726 051<br>CD: 439 7082<br>Excerpts<br>LP: SLPEM 136 429/2535 277/2535 631/<br>2548 277/2563 357<br>CD: 435 1452 |

## le nozze di figaro, march and fandango

| | | |
|---|---|---|
| Munich<br>7 October<br>1950 | Bavarian<br>Radio Orchestra | 78: LVM 72 038<br>45: NL 32 029<br>LP: LPM 18 558-18 559/LPEM 19 066<br>LP: Decca (USA) DL 4064 |

## CARL ORFF (1895-1982)

### carmina burana

| | | |
|---|---|---|
| Munich<br>5-10<br>October<br>1952 | Bavarian Radio<br>Orchestra & Chorus<br>Trötschel, Kuen,<br>Braun, Hoppe | LP: LP 16 068-16 069/LP 16 045-16 046/<br>     LPM 18 303/LPM 18 483-18 485<br>LP: Decca (USA) DL 9706<br>CD: 445 0782/461 2192 |
| Berlin<br>9-18<br>October<br>1967 | Deutsche Oper<br>Orchestra & Chorus<br>Janowitz, Stolze,<br>Fischer-Dieskau | LP: SLPEM 139 362/2726 510<br>CD: 423 8862/427 8782/447 4372<br><u>Excerpts</u><br>LP: 2705 001/2721 084/415 0461 |

### catulli carmina

| | | |
|---|---|---|
| Munich<br>2 June<br>1954-<br>13 November<br>1955 | Bavarian<br>Radio Chorus<br>Kupper, Holm | LP: LPE 17 021/LPM 18 293/LPM 18 304/<br>     LPM 18 483-18 485<br>LP: Decca (USA) DL 9824<br><u>Excerpt</u><br>LP: LP 16 117<br><u>LPE 17 021 was an incomplete recording</u> |
| Berlin<br>16-18<br>June<br>1970 | Deutsche<br>Oper Chorus<br>Auger, Ochman | LP: 2530 074/2726 510<br>CD: 427 8782/449 0972 |

### trionfo di afrodite

| | | |
|---|---|---|
| Munich<br>12 July-<br>8 October<br>1955 | Bavarian<br>Radio Chorus<br>Kupper, Holm | LP: LPM 18 305/LPM 18 483-18 485<br>LP: Decca (USA) DL 9826 |

## FRANZ SCHUBERT (1797-1828)

**symphony no 5**

| Munich<br>9-11<br>November<br>1957 | Bavarian<br>Radio Orchestra | LP: LPEM 19 120/478 445 |

**symphony no 8 "unfinished"**

| Boston<br>26-27<br>January<br>1973 | Boston SO | LP: 2530 357<br>CD: 427 1952/429 5332 |

**symphony no 9 "great"**

| Munich<br>12-14<br>February<br>1958 | Bavarian<br>Radio Orchestra | LP: LPM 18 497/SLPM 138 001/<br>    89 511/2548 108<br>LP: Decca (USA) DL 9993<br>Also issued on LP by Contour CC 7512 |

## ROBERT SCHUMANN (1810-1856)

**piano concerto**

| Berlin<br>22-23<br>May<br>1951 | BPO<br>Haas | LP: LP 16 007/LPE 17 142/89 521<br>    478 097/2870 122<br>LP: Decca (USA) DL 7522 |

## JEAN SIBELIUS (1865-1957)

### night ride and sunrise

| | | |
|---|---|---|
| Munich<br>26 November<br>1955 | Bavarian<br>Radio Orchestra | LP: LPE 17 075<br>CD: 449 7182 |

### the oceanides

| | | |
|---|---|---|
| Munich<br>27 November<br>1955 | Bavarian<br>Radio Orchestra | LP: LPE 17 075 |

### the tempest, overture

| | | |
|---|---|---|
| Munich<br>13 November<br>1955 | Bavarian<br>Radio Orchestra | LP: LPE 17 075 |

## RICHARD STRAUSS (1864-1949)

### der rosenkavalier, act 3 waltz sequence

| | | |
|---|---|---|
| Berlin<br>17 December<br>1953 | BPO | 78: LVM 72 474<br>45: EPL 30 056<br>LP: LPE 17 020/LPEM 19 015 |

### schlagobers, waltz

| | | |
|---|---|---|
| Berlin<br>9 February<br>1954 | BPO | 78: LVM 72 474<br>45: EPL 30 056<br>LP: LPE 17 020 |

**166** Jochum

RICHARD WAGNER (1813-1883)

**lohengrin**

| | | |
|---|---|---|
| Munich<br>15-22<br>December<br>1952 | Bavarian Radio<br>Orchestra & Chorus<br>Kupper, Braun,<br>Fehenberger,<br>Frantz, Rohr | LP: LPM 18 119-18 123/<br>    LPM 18 084-18 088/2703 001<br>LP: Decca (USA) DX 131<br><u>Excerpts</u><br>45: EPL 30 048<br>LP: LPE 17 080/LPEM 19 107/478 089/<br>    478 413/89 654 |

**lohengrin, prelude**

| | | |
|---|---|---|
| Berlin<br>13 June<br>1951 | BPO | 78: LV 36 007<br>LP: Decca (USA) DL 4030 |

**lohengrin, act 3 prelude**

| | | |
|---|---|---|
| Berlin<br>13 June<br>1951 | BPO | 45: NL 32 213/EPL 30 468<br>LP: Decca (USA) DL 4030 |

**die meistersinger von nürnberg**

| | | |
|---|---|---|
| Berlin<br>19 March-<br>3 April<br>1976 | Deutsche Oper<br>Orchestra & Chorus<br>Ligendza, Ludwig,<br>Domingo, Laubenthal,<br>Fischer-Dieskau,<br>Lagger, Hermann | LP: 2713 011/2740 149<br>CD: 415 2782<br><u>Excerpts</u><br>LP: 2536 383/2537 041<br>CD: 445 4702 |

**parsifal, prelude and good friday music**

| | | |
|---|---|---|
| Munich<br>12-14<br>December<br>1957 | Bavarian<br>Radio Orchestra | LP: LPE 17 140/LPM 18 500-18 501/<br>    SLPM 138 004-138 005/SLPEM 136 479/<br>    2726 054/2548 221 |

## CARL MARIA VON WEBER (1786-1826)

**der freischütz**

| | | |
|---|---|---|
| Munich<br>12-21<br>December<br>1959 | Bavarian Radio<br>Orchestra & Chorus<br>Seefried, Streich,<br>Holm, Böhme,<br>Wächter, Kreppel | LP: LPM 18 639-18 640/<br>　　SLPM 138 639-138 640/<br>　　2707 009/2726 061<br>CD: 439 7172<br>Excerpts<br>LP: LPM 18 734/LPEM 19 221/LPEM 19 477/<br>　　SLPEM 136 221/SLPEM 136 477/<br>　　2535 280/2535 746/2536 486/<br>　　2548 212/410 8471<br>CD: 423 8692/437 6772<br>Excerpt also reissued on CD by<br>Tahra TAH 232-235 |

**oberon, overture**

| | | |
|---|---|---|
| Berlin<br>12 June<br>1951 | BPO | 78: LV 36 002<br>LP: LPEM 19 037/478 120<br>LP: Decca (USA) DL 4006 |

## MISCELLANEOUS

**eugen jochum: erzähltes leben**

| | | |
|---|---|---|
| 30-31<br>May<br>1962 | Jochum talks<br>about his life<br>and career, with<br>musical examples<br>taken from DG<br>recordings | LP: LPM 18 734<br>Reissued on CD by Tahra TAH 232-235,<br>which adds further musical examples<br>from Jochum's Philips recordings |

WAGNER  Rienzi  Allmächt'ger Vater, blick herab (Rienzi's Prayer)
WEBER  Der Freischütz  Nein, länger trag'ich nicht die Qualen
Durch die Wälder, durch die Auen
(Max's Scene and Aria)
WOLFGANG WINDGASSEN, Tenor
Bamberg Symphony Orchestra · Ferdinand Leitner
Munich Philharmonic Orchestra · Artur Rother

Deutsche
Grammophon
Gesellschaft

EPL 30226

# Artur Rother
# 1885-1972

CHRISTOPH WILLIBALD GLUCK

# Orpheus und Eurydike
Ausschnitte · Excerpts · Extraits

Anny Schlemm, Sopran · Rita Streich, Sopran · Margarete Klose, Alt
Chor des Bayerischen Rundfunks · Dirigent: Artur Rother

LPEM 19053 HI-FI

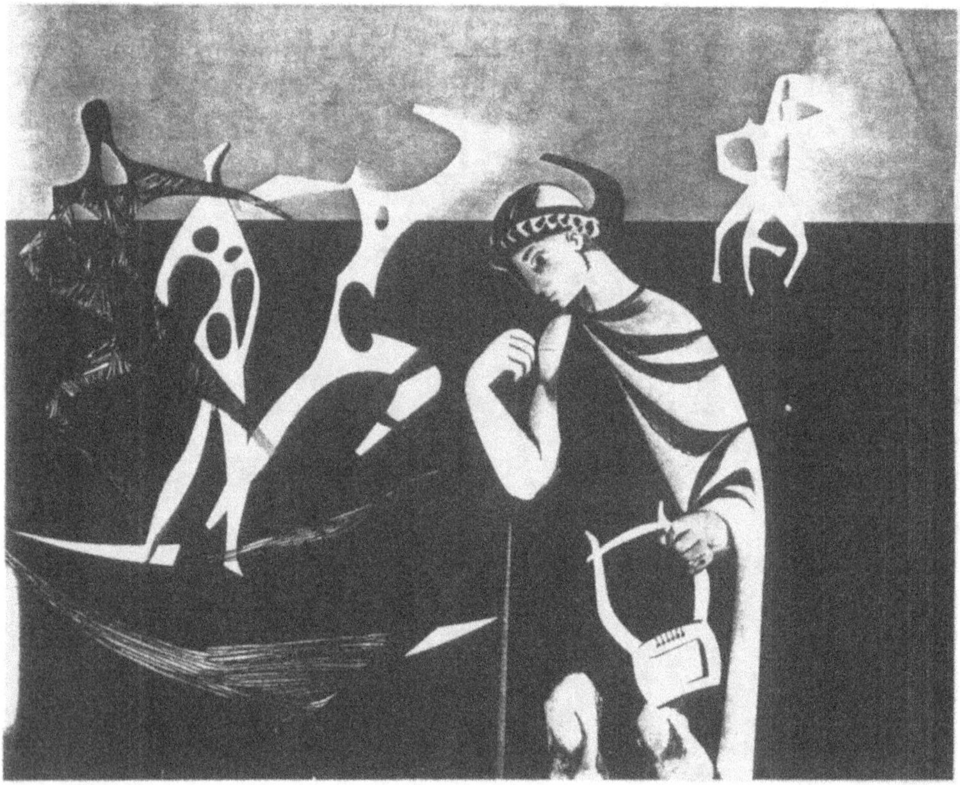

## LUDWIG VAN BEETHOVEN (1770-1827)

**fidelio, excerpt (mir ist so wunderbar)**

| | | |
|---|---|---|
| Berlin<br>24 June<br>1942 | Berlin RO<br>M.Fuchs,<br>Eipperle,<br>Anders, Hann | 45: EPL 30 532<br>Originally a Reichsrundfunk recording |

## GEORGES BIZET (1838-1875)

**carmen, excerpt (votre toast!)**

| | | |
|---|---|---|
| Berlin<br>1942 | Städtische Oper<br>Orchestra & Chorus<br>Hotter<br>Sung in German | 78: LM 67 854<br>Reissued on Preiser CD 90200 |

## JOHANNES BRAHMS (1833-1897)

**academic festival overture**

| | | |
|---|---|---|
| Berlin<br>January<br>1942 | Städtische Oper<br>Orchestra | 78: LM 67 882 |

## PETER CORNELIUS (1824-1874)

**der barbier von bagdad, overture**

| | | |
|---|---|---|
| Munich<br>11 June<br>1953 | Munich PO | 45: EPL 30 215 |

## EUGEN D'ALBERT (1864-1932)

**tiefland, sinfonisches vorspiel**

| | | |
|---|---|---|
| Munich<br>7-19<br>June<br>1953 | Munich PO | LP: LPE 17 002/89 661 |

**tiefland, excerpt (ich grüss' noch einmal die berge)**

| | | |
|---|---|---|
| Munich<br>7-19<br>June<br>1953 | Munich PO<br>Windgassen | 78: LVM 72 378<br>45: EPL 30 301<br>LP: LPE 17 002/89 661 |

**tiefland, excerpt (sein bin ich!)**

| | | |
|---|---|---|
| Munich<br>7-19<br>June<br>1953 | Munich PO<br>Kupper | LP: LPE 17 002/89 661 |

tiefland, excerpt (schau her, das ist ein taler!)

| Munich | Munich PO | 78: LVM 72 378 |
| 7-19 | Windgassen | 45: EPL 30 301 |
| June | | LP: LPE 17 002/89 661 |
| 1953 | | |

tiefland, excerpt (ich weiss nicht wer mein vater war)

| Munich | Munich PO | 78: LVM 72 378 |
| 7-19 | Kupper, Böhme | 45: EPL 30 301 |
| June | | LP: LPE 17 002/89 661 |
| 1953 | | |

tiefland, excerpt (hüll' in die mantille!)

| Munich | Munich PO | LP: LPE 17 002/89 661 |
| 7-19 | Uhde | |
| June | | |
| 1953 | | |

LPE 17 002 and 89 661 were Tiefland Querschnitt

## FRIEDRICH VON FLOTOW (1812-1883)

**martha, excerpt (letzte rose)**

| | | |
|---|---|---|
| Berlin<br>9 October<br>1953 | BPO<br>Berger | 45: EPL 30 521/NL 32 162<br>LP: LPE 17 007/LPEM 19 253-19 254<br><u>LPEM 19 253-19 254 was DG's edition of the complete Reichsrundfunk performance of the opera, conducted by Schüler, into which this later version of the aria was inserted (also reissued on CD by Berlin Classics BC 21632)</u> |

## CHRISTOPH WILLIBALD GLUCK (1714-1787)

### alceste, excerpt (divinités du styx!)

| | | |
|---|---|---|
| Berlin<br>13-14<br>November<br>1953 | Berlin RO<br>Goltz | 78: LV 36 117<br>45: NL 32 058<br>Reissued on CD by Preiser 90123 |
| Berlin<br>13-14<br>November<br>1953 | Berlin RO<br>Goltz<br>Sung in German | 45: NL 32 057 |

### alceste, excerpt (malgré moi mon faible coeur)

| | | |
|---|---|---|
| Berlin<br>13-14<br>November<br>1953 | Berlin RO<br>Goltz | 78: LV 36 117<br>45: NL 32 058 |
| Berlin<br>13-14<br>November<br>1953 | Berlin RO<br>Goltz<br>Sung in German | 45: NL 32 057 |

### iphigenie in aulis, overture

| | | |
|---|---|---|
| Munich<br>11 June<br>1953 | Munich PO | 78: LV 36 090<br>LP: LPE 17 062/478 440 |

orfeo ed euridice, overture

| | | |
|---|---|---|
| Berlin<br>24 May<br>1955 | Berlin RO | LP: LPE 17 062/LPEM 19 053/<br>    478 128/89 538<br>LP: Heliodor (USA) H 25005/HS 25005 |

orfeo ed euridice, excerpt (gli squardi trattieni)

| | | |
|---|---|---|
| Berlin<br>29 October<br>1955 | Berlin RO<br>Streich<br>Sung in German | LP: LPEM 19 053/478 128/89 538<br>LP: Heliodor (USA) H 25005/HS 25005 |

orfeo ed euridice, dance of the blessed spirits

| | | |
|---|---|---|
| Munich<br>12 June<br>1953 | Munich PO | 78: LVM 72 397<br>LP: LPE 17 062/LPEM 19 053/<br>    478 128/89 538<br>LP: Heliodor (USA) H 25005/HS 25005 |

orfeo ed euridice, chorus of the blessed spirits

| | | |
|---|---|---|
| Munich<br>15-16<br>November<br>1955 | Bamberg SO<br>Bavarian<br>Radio Chorus<br>Sung in German | 45: EPL 30 204<br>LP: LPEM 19 053/478 128/89 538<br>LP: Heliodor (USA) H 25005/HS 25005 |

orfeo ed euridice, excerpt (questo asile)

| | | |
|---|---|---|
| Munich<br>15-16<br>November<br>1955 | Bamberg SO<br>Schlemm<br>Sung in German | LP: LPEM 19 053/478 128/89 538<br>LP: Heliodor (USA) H 25005/HS 25005 |

orfeo ed euridice, excerpt (che puro ciel!)

| | | |
|---|---|---|
| Munich | Bamberg SO | 45: EPL 30 255 |
| 15-16 | Klose | LP: LPE 17 066/LPEM 19 053/478 128/89 538 |
| November | Sung in German | LP: Heliodor (USA) H 25005/HS 25005 |
| 1955 | | |

orfeo ed euridice, dance of the furies

| | | |
|---|---|---|
| Munich | Munich PO | 78: LVM 72 397 |
| 12 June | | 45: EPL 30 111 |
| 1953 | | LP: LPE 17 062/LPEM 19 053/ |
| | | 478 128/89 538 |
| | | LP: Heliodor (USA) H 25005/HS 25005 |

orfeo ed euridice, excerpt (chiamo il mio ben!)

| | | |
|---|---|---|
| Berlin | Berlin RO | 78: LV 36 114 |
| 9 April | Klose | 45: NL 32 054 |
| 1954 | | |
| Berlin | Berlin RO | 78: LV 36 113 |
| 9 April | Klose | 45: NL 32 053 |
| 1954 | Sung in German | LP: LPE 17 066/LPEM 19 053/ |
| | | 478 128/89 538 |
| | | LP: Heliodor (USA) H 25005/HS 25005 |

orfeo ed euridice, excerpt (che farò senza euridice?)

| | | |
|---|---|---|
| Berlin | Berlin | 78: LV 36 114 |
| 8 April | Klose | 45: NL 32 054 |
| 1954 | | |
| Berlin | Berlin RO | 78: LV 36 113 |
| 8 April | Klose | 45: NL 32 053 |
| 1954 | Sung in German | LP: LPE 17 066/LPEM 19 053/ |
| | | 478 128/89 538 |
| | | LP: Heliodor (USA) H 25005/HS 25005 |

LPEM 19 053, 478 128, 89 538, H 25005 and HS 25005 were Orfeo Querschnitt

## GEORGE FRIDERIC HANDEL (1685-1759)

giulio cesare, excerpt (v'adoro pupille)

| | | |
|---|---|---|
| Munich | Bamberg SO | 45: EPL 30 255 |
| 15 November | Klose | LP: LPE 17 066 |
| 1955 | Sung in German | |

## RUGGIERO LEONCAVALLO (1858-1919)

i pagliacci, excerpt (si può?)

| | | |
|---|---|---|
| Berlin | Städtische Oper | 78: LM 67 854 |
| 1942 | Orchestra | Reissued on CD by Preiser 90200 and |
| | Hotter | Koch 31.4722 |
| | Sung in German | |

## WOLFGANG AMADEUS MOZART (1756-1791)

### don giovanni, excerpt (madamina!)

| | | |
|---|---|---|
| Berlin<br>1942 | Städtische Oper<br>Orchestra<br>Hann<br>Sung in German | 78: LM 68 159<br>LP: LPE 17 108/88 003<br>Also issued on LP by Preiser PR 135 016<br>and Historia H 665-666 |

### idomeneo, excerpt (zeffiretti lusinghieri)

| | | |
|---|---|---|
| Berlin<br>1 November<br>1955 | Berlin RO<br>Streich | 45: EPL 30 216<br>LP: LPEM 19 137<br>CD: 437 7482 |
| Berlin<br>1 November<br>1955 | Berlin RO<br>Streich<br>Sung in German | 45: EPL 30 217 |

### zaide, excerpt (ruhe sanft)

| | | |
|---|---|---|
| Berlin<br>1 November<br>1955 | Berlin RO<br>Streich | 45: EPL 30 216/EPL 30 217<br>LP: LPM 18 558-18 559 |

### die zauberflöte, excerpt (o isis und osiris)

| | | |
|---|---|---|
| Munich<br>18 June<br>1953 | Munich PO<br>Bavarian<br>Radio Chorus<br>Borg | 78: LV 36 089<br>LP: LPE 17 093<br>CD: 449 9262<br>Also reissued on CD by Finlandia<br>4509 956062 |

### die zauberflöte, excerpt (in diesen heil'gen hallen)

| | | |
|---|---|---|
| Munich<br>18 June<br>1953 | Munich PO<br>Borg | 78: LV 36 089<br>45: EPL 30 011<br>CD: 449 9262<br>Also reissued on CD by Finlandia<br>4509 956062 |

## MODEST MUSSORGSKY (1839-1881)

### boris godunov, excerpt (yet one last tale)

| | | |
|---|---|---|
| Munich<br>17-21<br>June<br>1953 | Munich PO<br>Borg | 78: LV 36 095<br>45: EPL 30 075 |
| Munich<br>17-21<br>June<br>1953 | Munich PO<br>Borg<br><u>Sung in German</u> | 78: LV 36 008<br>45: EPL 30 019 |

## GIACOMO PUCCINI (1858-1924)

### madama butterfly, excerpt (viene la sera)

| | | |
|---|---|---|
| Berlin<br>1943 | Berlin RO<br>Cebotari,<br>W.Ludwig,<br><u>Sung in German</u> | LP: 88 030<br><u>Originally a Reichsrundfunk recording</u><br><u>which has also appeared on numerous</u><br><u>other labels</u> |

### tosca, excerpt (vissi d'arte)

| | | |
|---|---|---|
| Berlin<br>March<br>1942 | Staatskapelle<br>Ranczak<br><u>Sung in German</u> | 78: LM 68 042 |

## GIOACHINO ROSSINI (1792-1868)

### il barbiere di siviglia, excerpt (una voce poco fa)

| | | |
|---|---|---|
| Berlin<br>1942 | Städtische Oper<br>Orchestra<br>Noni<br>Sung in German | 78: LM 68 108 |

### il barbiere di siviglia, excerpt (la calunnia è un venticello)

| | | |
|---|---|---|
| Berlin<br>June<br>1943 | Städtische Oper<br>Orchestra<br>Hann<br>Sung in German | 78: LM 68 396<br>LP: LPE 17 108<br>Also issued on LP by Preiser PR 135 016 |
| Munich<br>21 June<br>1953 | Munich PO<br>Borg | 78: LV 36 095<br>45: EPL 30 075<br>CD: 449 9262 |
| Munich<br>21 June<br>1953 | Munich PO<br>Borg<br>Sung in German | 78: LV 36 088<br>45: EPL 30 019 |

### semiramide, excerpt (bel raggio lusinhier)

| | | |
|---|---|---|
| Berlin<br>2 November<br>1955 | Berlin RO<br>Streich | 45: EPL 30 225<br>LP: LPEM 19 137<br>CD: 435 7482 |

## BEDRICH SMETANA (1824-1884)

**the bartered bride, excerpt (alone at last!)**

| Berlin | Orchestra | Grammophon unpublished |
| 22 April | Singestreu | |
| 1942 | Sung in German | |

## RICHARD STRAUSS (1864-1949)

**feuersnot, excerpt (feuersnot! minnegebot!)**

| Berlin | Berlin RO | LP: LPE 17 206/88 030 |
| 1943 | Cebotari, | Originally a Reichsrundfunk recording |
| | Schmitt-Walter | |

**salome, excerpt (du wolltest mich nicht deinen mund küssen lassen)**

| Berlin | Berlin RO | LP: LPE 17 206/88 030 |
| 1943 | Cebotari | Originally a Reichsrundfunk recording which also appeared on numerous other labels |

## GIUSEPPE VERDI (1813-1901)

### aida, excerpt (ritorna vincitor!)

| | | |
|---|---|---|
| Berlin<br>1942 | Städtische Oper<br>Orchestra<br>Ranczak<br>Sung in German | 78: LM 67 881 |

### un ballo in maschera, excerpt (rè dell' abisso!)

| | | |
|---|---|---|
| Berlin<br>January<br>1943 | Staatskapelle<br>Milinkovic<br>Sung in German | 78: LM 68 301 |

### un ballo in maschera, excerpt (morrò ma prima in grazia)

| | | |
|---|---|---|
| Berlin<br>March<br>1942 | Staatskapelle<br>Ranczak<br>Sung in German | 78: LM 68 042 |

### don carlo, excerpt (ella giammai m'amò!)

| | | |
|---|---|---|
| Berlin<br>October-<br>November<br>1942 | Städtische Oper<br>Orchestra<br>Greindl<br>Sung in German | 78: LM 67 999 |
| Munich<br>17-19<br>November<br>1955 | Bamberg SO<br>Borg | 45: EPL 30 268<br>CD: 449 4262 |
| Munich<br>17-19<br>November<br>1955 | Bamberg SO<br>Borg<br>Sung in German | LP: LPE 17 093 |

### don carlo, excerpt (per me giunto!)

| | | |
|---|---|---|
| Berlin<br>January<br>1943 | Staatskapelle<br>Schlusnus<br>Sung in German | 78: LM 68 119<br>LP: LPEM 19 039<br>Also reissued on compilations devoted to Schlusnus |

**nabucco, excerpt (va pensiero!/oh chi piange?)**

| | | |
|---|---|---|
| Munich | Bamberg SO | 78: LM 68 475 |
| 18 November | Bavarian | 45: EPL 30 125 |
| 1955 | Radio Chorus | <u>Oh chi piange only</u> |
| | Borg | CD: 449 9262 |
| | <u>Sung in German</u> | |

**rigoletto, excerpts (ella mi fu rapita; la donna è mobile!)**

| | | |
|---|---|---|
| Berlin | Berlin RO | 45: EPL 30 076 |
| 17 October | Munteanu | LP: LPE 17 011 |
| 1953 | | |

**rigoletto, excerpt (caro nome)**

| | | |
|---|---|---|
| Berlin | Städtische Oper | 78: LM 68 303 |
| October | Orchestra | |
| 1942 | Noni | |
| | <u>Sung in German</u> | |

**rigoletto, excerpt (cortigiani! vil razza dannata!)**

| | | |
|---|---|---|
| Berlin | Staatskapelle | 78: LM 67 253 |
| June | Schlusnus | LP: LPEM 19 039 |
| 1943 | <u>Sung in German</u> | <u>Reissued in compilations devoted to Schlusnus</u> |
| Munich | Munich PO | 45: EPL 30 084 |
| 5 June | Uhde | LP: LPE 17 011 |
| 1953 | | |
| Munich | Munich PO | 78: LV 36 085 |
| 5 June | Uhde | 45: NL 32 077 |
| 1953 | <u>Sung in German</u> | |

simon boccanegra, excerpt (il lacerato spirito)

| | | |
|---|---|---|
| Munich<br>17-19<br>November<br>1955 | Bamberg SO<br>Bavarian<br>Radio Chorus<br>Borg | 45: EPL 30 236<br>CD: 449 4262 |
| Munich<br>17-19<br>November<br>1955 | Bamberg SO<br>Bavarian<br>Radio Chorus<br>Borg<br>Sung in German | 45: EPL 30 235<br>LP: LPE 17 093 |

la traviata, excerpt (sempre libera!)

| | | |
|---|---|---|
| Berlin<br>October<br>1942 | Städtische Oper<br>Orchestra<br>Noni<br>Sung in German | 78: LM 68 303 |
| Berlin<br>1943 | Berlin RO<br>Cebotari<br>Sung in German | 45: EPL 30 531<br>LP: 88 016<br>Originally a Reichsrundfunk recording<br>also issued on numerous other labels |

la traviata, excerpt (parigi o cara!)

| | | |
|---|---|---|
| Berlin<br>1943 | Berlin RO<br>Cebotari,<br>W.Ludwig<br>Sung in German | 45: EPL 30 531<br>LP: 88 016<br>Originally a Reichsrundfunk recording<br>also issued on numerous other labels |

**Deutsche Grammophon Gesellschaft**

*Béla*
BELA BARTOK

Konzert Nr. 3 für Klavier und Orchester

Monique Haas, Klavier

*Z. Kodály*
ZOLTAN KODALY

Háry János-Suite

RIAS Symphonie-Orchester Berlin
Dirigent: Ferenc Fricsay

LANGSPIELPLATTE

**33**

Deutsche Grammophon Gesellschaft

JOSEPH HAYDN

Konzert für Violoncello und Orchester D-dur op. 101

ROBERT SCHUMANN

Konzert für Violoncello und Orchester a-moll op. 129

Enrico Mainardi, Violoncello
Berliner Philharmoniker / RIAS Symphonie-Orchester Berlin
Dirigent: Fritz Lehmann

LONG PLAY RECORD

JOSEPH HAYDN · ROBERT SCHUMANN KONZERTE FÜR VIOLONCELLO UND ORCHESTER D-DUR op. 101 UND A-MOLL op. 129

## il trovatore, excerpt (tacea la notte placida)

| | | |
|---|---|---|
| Berlin<br>12-13<br>November<br>1953 | Berlin RO<br>Goltz | 45: EPL 30 047 |
| Berlin<br>12-13<br>November<br>1953 | Berlin RO<br>Goltz<br>Sung in German | 78: LVM 72 449<br>45: EPL 30 041 |

## il trovatore, excerpt (d'amor sull' ali rosee)

| | | |
|---|---|---|
| Berlin<br>12-13<br>November<br>1953 | Berlin RO<br>Goltz | 45: EPL 30 047 |
| Berlin<br>12-13<br>November<br>1953 | Berlin RO<br>Goltz<br>Sung in German | 78: LVM 72 449<br>45: EPL 30 041 |

## i vespri siciliani, excerpt (o tu palermo!)

| | | |
|---|---|---|
| Berlin<br>January<br>1943 | Staatskapelle<br>Schlusnus<br>Sung in German | 78: LM 68 119<br>LP: LPEM 19 039<br>Reissued on CD by Preiser 89212 and<br>other compilations devoted to Schlusnus |
| Munich<br>17-19<br>November<br>1955 | Bamberg SO<br>Borg | 45: EPL 30 236<br>CD: 449 4262 |
| Munich<br>17-19<br>November<br>1955 | Bamberg SO<br>Borg<br>Sung in German | 45: EPL 30 235<br>LP: LPE 17 093 |

## RICHARD WAGNER (1813-1883)

### der fliegende holländer, excerpt (mögst du mein kind)

| | | |
|---|---|---|
| Berlin | Städtische Oper | 78: LM 67 942 |
| November | Orchestra | Reissued on LP by Preiser PR 135 016 |
| 1942 | Hann | and Historia H 665-666 |

### lohengrin, excerpt (gott grüss' euch, liebe männer von brabant!)

| | | |
|---|---|---|
| Berlin | Städtische Oper | 78: LM 68 975 |
| 1942 | Orchestra | |
| | Greindl | |

### lohengrin, excerpt (mein herr und gott!)

| | | |
|---|---|---|
| Berlin | Städtische Oper | 78: LM 67 942 |
| November | Orchestra | Reissued on LP by Preiser PR 135 016 |
| 1942 | Hann | and Historia H 665-666 |

### die meistersinger von nürnberg, excerpt (das schöne fest, johannistag!)

| | | |
|---|---|---|
| Berlin | Städtische Oper | 78: LM 67 975 |
| 1942 | Orchestra | |
| | Greindl | |

### die meistersinger von nürnberg, excerpt (was duftet doch der flieder)

| | | |
|---|---|---|
| Berlin | Städtische Oper | 78: LM 67 855/LM 67 973 |
| 1942 | Orchestra | Reissued on CD by Preiser 90200 |
| | Hotter | |

**tannhäuser, excerpt (o du mein holder abendstern!)**

| | | |
|---|---|---|
| Berlin | Berlin RO | LP: LPEM 19 259/88 029 |
| 1943 | Schmitt-Walter | Originally a Reichsrundfunk recording |

**tannhäuser, excerpt (inbrunst im herzen)**

| | | |
|---|---|---|
| Berlin | Berlin RO | LP: LPEM 19 259/89 029 |
| 1943 | Lorenz | Originally a Reichsrundfunk recording |
| | | also reissued on numerous other labels |
| Munich | Munich PO | 78: LV 36 101 |
| 19 June | Windgassen | 45: EPL 30 101 |
| 1953 | | LP: LPEM 19 069 |

**tristan und isolde, excerpt (einsam wachend)**

| | | |
|---|---|---|
| Berlin | Berlin RO | 78: L 62 935 |
| 9 April | Klose | 45: NL 32 026 |
| 1954 | | LP: LPEM 19 018/LPE 17 066/2721 115 |
| | | LP: Decca (USA) DL 9897 |

**die walküre, excerpt (ein schwert verhiess mir der vater..to end of act one)**

| | | |
|---|---|---|
| Berlin | Berlin RO | LP: LPEM 19 259/88029 |
| 1942 | Reining, Lorenz | Originally a Reichsrundfunk recording |
| | | also issued on numerous other labels |

## CARL MARIA VON WEBER (1786-1826)

**der freischütz, excerpt (nicht länger trag' ich nicht die qualen/durch die wälder!)**

| | | |
|---|---|---|
| Munich<br>19 June<br>1953 | Munich PO<br>Windgassen | 78: LVM 72 419<br>45: EPL 30 226<br>LP: LPEM 19 013/89 537<br>LP: Decca (USA) DL 9797<br>LP: Heliodor (USA) H 26016/HS 25016 |

**der freischütz, excerpt (kommt ein schlanker bursch' gegangen!)**

| | | |
|---|---|---|
| Berlin<br>28 February<br>1954 | Berlin RO<br>Streich | 45: EPL 30 401/EPL 30 484/NL 32 028<br>LP: LPE 17 074/LPEM 19 013/89 537<br>LP: Decca (USA) DL 9797<br>LP: Heliodor (USA) H 25016/HS 25016<br>CD: 435 7482 |

**der freischütz, excerpt (einst träumte meiner sel'gen base)**

| | | |
|---|---|---|
| Berlin<br>28 February<br>1954 | Berlin RO<br>Streich | 45: EPL 30 275/EPL 30 401/EPL 30 484<br>LP: LPE 17 074/LPEM 19 013/<br>LPEM 19 015/89 537<br>LP: Decca (USA) DL 9797<br>LP: Heliodor (USA) H 25016/HS 25016 |

LPEM 19 013, 89 537, DL 9797, H 25016 and HS 25016 were a Freischütz Querschnitt

| G. F. Handel | Julius Caesar |
| | Es blaut die Nacht (Cleopatra's Aria) |
| C. W. Gluck | Orpheus and Eurydice |
| | Welch reiner Himmel deckt diesen (Orpheus's Aria) |

MARGARETE KLOSE, Contralto · Bamberg Symphony Orchestra · Conductor: Artur Rother

 EPL 30255

# Igor Markevitch
# 1912-1983

## Deutsche Grammophon Gesellschaft

FRANZ BERWALD

## Sinfonie Nr. 2 C-du
(Symphonie Singulière)

## Sinfonie Nr. 3 Es-du

Igor Markevitch
Berliner Philharmoniker

LANGSPIELPLATTE

FRANZ BERWALD · SINFONIE NR. 2 C-DUR · SINFONIE NR. 3 ES DUR

**DANIEL FRANCOIS AUBER (1782-1871)**

**la muette de portici, overture**

| | | |
|---|---|---|
| Paris | Lamoureux | CD: 447 4062 |
| 17-18 | Orchestra | This recording was previously unpublished |
| January | | |
| 1961 | | |

## LUDWIG VAN BEETHOVEN (1770-1827)

### symphony no 3 "eroica"

| | | |
|---|---|---|
| New York<br>December<br>1956-<br>January<br>1957 | Symphony<br>of the Air | LP: LPM 18 350/LPX 29 301<br>LP: Decca (USA) DL 9912 |

### symphony no 6 "pastoral"

| | | |
|---|---|---|
| Paris<br>21 October-<br>8 November<br>1957 | Lamoureux<br>Orchestra | LP: LPM 18 468<br>LP: Decca (USA) DL 9976 |

### coriolan, overture

| | | |
|---|---|---|
| Paris<br>25 November<br>1958 | Lamoureux<br>Orchestra | 45: SEPL 121 580<br>LP: LPM 18 575/SLPM 138 039/89 703 |

### egmont, overture

| | | |
|---|---|---|
| Paris<br>25 November<br>1958 | Lamoureux<br>Orchestra | LP: LPM 18 575/SLPM 138 039/89 703 |

**fidelio, overture**

| | | |
|---|---|---|
| Paris<br>29 November<br>1958 | Lamoureux<br>Orchestra | LP: LPM 18 575/SLPM 138 039/89 703/<br>135 041/2548 138 |

**leonore no 3, overture**

| | | |
|---|---|---|
| Paris<br>26 November<br>1958 | Lamoureux<br>Orchestra | LP: LPM 18 575/SLPM 138 039/89 703/<br>135 041/2548 138 |

**namensfeier, overture**

| | | |
|---|---|---|
| Paris<br>26 November<br>1958 | Lamoureux<br>Orchestra | 45: SEPL 121 580<br>LP: LPM 18 567/SLPM 138 032/89 694/<br>2548 138/2548 217<br>CD: 413 1442 |

**die weihe des hauses, overture**

| | | |
|---|---|---|
| Paris<br>28 November<br>1958 | Lamoureux<br>Orchestra | LP: LPM 18 575/SLPM 138 039/89 703/<br>135 041/135 112/2548 138<br>CD: 413 1442 |

## HECTOR BERLIOZ (1803-1869)

### symphonie fantastique

| | | |
|---|---|---|
| Berlin<br>23-29<br>November<br>1953 | BPO | LP: LPM 18 167<br>LP: Decca (USA) DL 9783 |
| Paris<br>11-17<br>January<br>1961 | Lamoureux<br>Orchestra | LP: LPM 18 712/SLPM 138 712/135 057/<br>    2542 002/2548 172<br>CD: 447 4062 |

### harold en italie

| | | |
|---|---|---|
| Berlin<br>8-15<br>December<br>1955 | BPO | LP: LPM 18 299/89 545<br>LP: Decca (USA) DL 9841<br>CD: 439 7052 |

### la damnation de faust

| | | |
|---|---|---|
| Paris<br>4-14<br>May<br>1959 | Lamoureux<br>Orchestra<br>Brasseur Choir<br>Rubio, Verreau,<br>Roux, Mollet | LP: LPM 18 599-18 600/<br>    SLPM 138 099-138 100/2700 112/<br>    2705 026/2707 007<br>CD: 437 9312<br><u>Excerpts</u><br>LP: 2548 212<br>Also published in an unofficial CD<br>edition by Theorema TH 121.170-121.171 |

## FRANZ BERWALD (1796-1868)

### symphony no 2 "singulière"

| | | |
|---|---|---|
| Berlin<br>16-21<br>December<br>1955 | BPO | LP: LPM 18 317/478 441/89 717<br>LP: Decca (USA) DL 9853<br>CD: 457 7052 |

### symphony no 3

| | | |
|---|---|---|
| Berlin<br>16-21<br>December<br>1955 | BPO | LP: LPM 18 317/478 420/89 717<br>LP: Decca (USA) DL 9853<br>CD: 457 7052 |

## GEORGES BIZET (1838-1875)

### jeux d'enfants

| | | |
|---|---|---|
| Paris<br>11 November<br>1957 | Lamoureux<br>Orchestra | 45: EPL 30 496<br>LP: LPM 18 469/LPX 29 323<br>LP: Decca (USA) DL 9982 |

## ALEXANDER BORODIN (1833-1887)

### in the steppes of central asia

| | | |
|---|---|---|
| Paris<br>15 December<br>1959 | Lamoureux<br>Orchestra | LP: LPEM 19 225/LPEM 19 269/SLPEM 136 225<br>135 149/2548 247<br>CD: 437 9462 |

## JOHANNES BRAHMS (1833-1897)

**symphony no 1**

| | | |
|---|---|---|
| New York<br>December<br>1956 | Symphony<br>of the Air | LP: LPM 18 364/89 518<br>LP: Decca (USA) DL 9907 |

**symphony no 4**

| | | |
|---|---|---|
| Paris<br>20-24<br>November<br>1958 | Lamoureux<br>Orchestra | LP: LPM 18 567/SLPM 138 032/<br>    89 694/2548 217 |

## LUIGI CHERUBINI (1760-1842)

**requiem in d minor**

| | | |
|---|---|---|
| Prague<br>17-21<br>December<br>1962 | Czech<br>Philharmonic<br>Orchestra<br>and Chorus | LP: LPM 18 795/SLPM 138 795/2535 404 |

**anacréon, overture**

| | | |
|---|---|---|
| Paris<br>17-18<br>January<br>1961 | Lamoureux<br>Orchestra | CD: 447 4062<br><u>This recording was previously unpublished</u> |

## DOMENICO CIMAROSA (1749-1801)

### sinfonia concertante for 2 flutes and orchestra

| Berlin 19-20 December 1954 | BPO Nicolet, Demmler | 45: EPA 37 138 LP: 89 592 |

## CLAUDE DEBUSSY (1862-1918)

### la mer

| Paris 2-3 May 1959 | Lamoureux Orchestra | LP: LPM 18 594/SLPM 138 073/ 2535 325/2538 080 |

### danse sacrée et danse profane

| Paris 2 May 1959 | Lamoureux Orchestra Cotelle | LP: LPM 18 594/SLPM 138 073/ 2535 325/2538 080 |

## MIKHAIL GLINKA (1804-1857)

### ruslan and lyudmila, overture

| Paris 15 December 1959 | Lamoureux Orchestra | LP: LPEM 19 225/SLPEM 136 225/135 015/ 135 070/135 149/2548 247 CD: 437 9462 |

## CHRISTOPH WILLIBALD GLUCK (1714-1787)

### sinfonia in g

| | | |
|---|---|---|
| Paris<br>7 June<br>1958 | Lamoureux<br>Orchestra | 45: EPL 30 504/EPL 30 650<br>LP: LPEM 19 169 |

## CHARLES GOUNOD (1818-1893)

### symphony no 2

| | | |
|---|---|---|
| Paris<br>8-11<br>November<br>1957 | Lamoureux<br>Orchestra | LP: LPM 18 469/LPX 29 323<br>LP: Decca (USA) DL 9982 |

### messe sainte cécilie

| | | |
|---|---|---|
| Prague<br>26-29<br>June<br>1965 | Czech<br>Philharmonic<br>Orchestra<br>Seefried,<br>Stolze, Uhde | LP: SLPEM 139 111<br>LP: Supraphon 50736<br>CD: 427 4092 |

## FRANZ JOSEF HAYDN (1732-1809)

### sinfonia concertante

| | | |
|---|---|---|
| Paris<br>29-30<br>October<br>1957 | Lamoureux<br>Orchestra | LP: LPEM 19 169/89 868 |

### die schöpfung

| | | |
|---|---|---|
| Berlin<br>6-11<br>May<br>1955 | BPO<br>St.Hedwig's<br>Choir<br>Seefried,<br>Holm, Borg | LP: LPM 18 489-18 490/<br>    LPM 18 551-18 553/<br>    LPM 18 561-18 563/2700 105<br>LP: Decca (USA) DX 138<br>CD: 437 3802 |

## ARTHUR HONEGGER (1892-1955)

### symphony no 5 "di tre re"

| | | |
|---|---|---|
| Paris<br>25-27<br>March<br>1957 | Lamoureux<br>Orchestra | LP: LPM 18 385<br>LP: Decca (USA) DL 9956<br>CD: 449 7482 |

## ANATOLE LIADOV (1855-1914)

### fragment de l'apocalypse

| | | |
|---|---|---|
| Paris<br>23 May<br>1960 | Lamoureux<br>Orchestra | LP: LPEM 19 225/SLPEM 136 225/135 149<br>CD: 437 9462 |

## DARIUS MILHAUD (1892-1974)

**les choéphores**

| | | |
|---|---|---|
| Paris | Lamoureux | LP: LPM 18 385 |
| 16-22 | Orchestra | LP: Decca (USA) DL 9956 |
| March | Université Choir | CD: 449 7482 |
| 1957 | Moizan, Bouvier, Rehfuss, Nollier | |

**WOLFGANG AMADEUS MOZART (1756-1791)**

**symphony no 34**

| | | |
|---|---|---|
| Berlin<br>22-28<br>February<br>1954 | BPO | LP: LPM 18 176/478 138/89 515<br>LP: Decca (USA) DL 9810 |

**symphony no 35 "haffner"**

| | | |
|---|---|---|
| Paris<br>28 October-<br>6 November<br>1957 | Lamoureux<br>Orchestra | LP: LPEM 19 169/89 868 |

**symphony no 38 "prague"**

| | | |
|---|---|---|
| Berlin<br>24-25<br>February<br>1954 | BPO | LP: LPM 18 176/478 138/89 515<br>LP: Decca (USA) DL 9805 |

## bassoon concerto

| | | |
|---|---|---|
| Paris<br>4-5<br>December<br>1958 | Lamoureux<br>Orchestra<br>Allard | LP: LPM 18 631/SLPM 138 131/<br>135 001/2535 188 |

## mass in c "coronation"

| | | |
|---|---|---|
| Berlin<br>18-21<br>February<br>1954 | BPO<br>St Hedwig's<br>Choir<br>Stader, Wagner,<br>Krebs, Greindl | LP: LP 16 096/LPE 17 141/LPX 29 330<br>LP: Decca (USA) DL 9805<br>CD: 437 3832 |
| Paris<br>7-8<br>December<br>1959 | Lamoureux<br>Orchestra<br>Brasseur Choir<br>Stader,<br>Dominguez,<br>Haefliger, Roux | LP: LPE 17 222/SLPE 133 222/LPM 18 631/<br>SLPM 138 131/136 511/2535 148<br>CD: 429 5102<br><u>Excerpts</u><br>LP: LPEM 19 491/SLPEM 136 491 |

## MODEST MUSSORGSKY (1839-1881)

### pictures from an exhibition, arranged by ravel

| | | |
|---|---|---|
| Berlin<br>21-25<br>February<br>1953 | BPO | LP: LP 16 061/LPE 17 137/89 669<br>LP: Decca (USA) DL 9782<br>CD: 437 9462 |

## NIKOLAI RIMSKY-KORSAKOV (1844-1908)

### le coq d'or, suite

| | | |
|---|---|---|
| Paris<br>8-10<br>June<br>1958 | Lamoureux<br>Orchestra | LP: SLPE 133 006/LPEM 19 170/LPEM 19 474/<br>SLPEM 136 474/135 159/2548 247<br>CD: 437 9462 |

### may night, overture

| | | |
|---|---|---|
| Paris<br>11 June<br>1958 | Lamoureux<br>Orchestra | LP: SLPE 133 006/LPEM 19 170/<br>135 159/2548 247<br>CD: 437 9462 |

### russian easter, overture

| | | |
|---|---|---|
| Paris<br>12 November<br>1957 | Lamoureux<br>Orchestra | LP: LPEM 19 170/LPEM 19 269/89 669<br>CD: 437 9462 |

## ALBERT ROUSSEL (1869-1937)

### bacchus et ariane, suite

| | | |
|---|---|---|
| Paris<br>2-3<br>December<br>1958 | Lamoureux<br>Orchestra | LP: LPM 18 594/SLPM 138 073/<br>2535 325/2538 080<br>CD: 447 3612/449 7482 |

## FRANZ SCHUBERT (1797-1828)

### symphony no 3

| | | |
|---|---|---|
| Berlin<br>26-28<br>February<br>1954 | BPO | LP: LPM 18 221/478 420<br>LP: Decca (USA) DL 9810 |

### symphony no 4 "tragic"

| | | |
|---|---|---|
| Berlin<br>15-18<br>December<br>1954 | BPO | LP: LPM 18 221/478 441<br>CD: 457 7052 |

## PIOTR TCHAIKOVSKY (1840-1893)

### symphony no 6 "pathétique"

| | | |
|---|---|---|
| Berlin<br>1-4<br>December<br>1953 | BPO | LP: LPM 18 193 |

### francesca da rimini

| | | |
|---|---|---|
| Paris<br>9-15<br>December<br>1959 | Lamoureux<br>Orchestra | LP: LPEM 19 225/SLPEM 136 225 |

RICHARD WAGNER (1813-1883)

**lohengrin, prelude**

| | | |
|---|---|---|
| Paris<br>12-13<br>June<br>1958 | Lamoureux<br>Orchestra | LP: LPE 17 198/SLPE 133 010/LPEM 19 479/<br>SLPEM 136 479/135 087/2538 014/<br>2548 221/2705 019 |

**lohengrin, act 3 prelude**

| | | |
|---|---|---|
| Paris<br>19 November<br>1958 | Lamoureux<br>Orchestra | LP: LPE 17 198/SLPE 133 010/LPEM 19 479/<br>SLPEM 136 479/135 087/2538 014/<br>2548 221/2705 019 |

**siegfried idyll**

| | | |
|---|---|---|
| Berlin<br>7-20<br>December<br>1954 | BPO | LP: LPEM 19 024/478 423<br>LP: Decca (USA) DL 9782 |

**tannhäuser, overture**

| | | |
|---|---|---|
| Paris<br>12-13<br>June<br>1958 | Lamoureux<br>Orchestra | LP: LPE 17 198/SLPE 133 010/LPEM 19 479/<br>SLPEM 136 479/135 087/2538 014/<br>2548 221/2705 019 |

**tannhäuser, bacchanale**

| | | |
|---|---|---|
| Berlin<br>7-20<br>December<br>1954 | BPO | 45: EPL 30 493<br>LP: LPEM 19 024/478 423 |

**die walküre, ride of the valkyries**

| | | |
|---|---|---|
| Berlin<br>7-20<br>December<br>1954 | BPO | LP: LPEM 19 024/478 423 |

*CORNELIUS*   **'The Barber of Baghdad' Overture**
*BERLIOZ*   **'Beatrice and Benedict' Overture**

The Munich Philharmonic Orchestra
Conducted by LEOPOLD LUDWIG

EPL 30215

# Leopold Ludwig
# born 1908

RICHARD WAGNER **'Die Meistersinger von Nürnberg'** Das schöne Fest Johannistag (Pogner's Address)
**'Götterdämmerung'** Hier sitz' ich zur Wacht (Hagen's Vigil)
JOSEPH GREINDL, BASS
Radio Symphony Orchestra of Berlin · Leopold Ludwig

Deutsche Grammophon Gesellschaft

EPL 30271

## LUDWIG VAN BEETHOVEN (1770-1827)

**leonore no 3, overture**

| Berlin | BPO | 78: EM 15 195-15 196 |
| 1939 | | 78: Decca LY 6135-6136 |

**die ruinen von athen, turkish march**

| Berlin | BPO | 78: EM 15 196 |
| 1939 | | 78: Decca LY 6136 |

## HECTOR BERLIOZ (1803-1869)

**béatrice et bénédict, overture**

| Munich | Munich PO | 78: LVM 72 431 |
| 27 June | | 45: EPL 30 215 |
| 1953 | | |

## GEORGES BIZET (1838-1875)

**carmen, excerpt (la fleur que tu m'avais jetée)**

| Berlin | Berlin RO | 45: EPL 30 116 |
| 14 November | De Luca | |
| 1955 | | |

| Berlin | Berlin RO | 45: EPL 30 115 |
| 14 November | De Luca | |
| 1955 | <u>Sung in German</u> | |

## FREDERIC CHOPIN (1810-1849)

### piano concerto no 2

| | | |
|---|---|---|
| Berlin<br>27-30<br>April<br>1962 | BPO<br>Askenase | LP: LPM 18 791/SLPM 138 791/2548 124/<br>2705 003/2727 007 |

## EUGEN D'ALBERT (1864-1932)

### tiefland, sinfonisches vorspiel

| | | |
|---|---|---|
| Berlin<br>1940 | Staatskapelle | 78: EM 15 486/57 149 |

## GAETONO DONIZETTI (1797-1848)

### la favorita, excerpt (spirto gentil)

| | | |
|---|---|---|
| Berlin<br>15 November<br>1955 | Berlin RO<br>De Luca | 45: NL 32 132 |

## FRIEDRICH VON FLOTOW (1812-1883)

### alessandro stradella, overture

| | | |
|---|---|---|
| Berlin<br>1940 | Staatskapelle | 78: EM 15 484/57 148 |

**CHRISTOPH WILLIBALD GLUCK (1714-1787)**

**iphigenie in aulis, overture**

| | | |
|---|---|---|
| Berlin<br>1942 | Staatskapelle | 78: EM 15 531/57 344 |

**CHARLES GOUNOD (1818-1893)**

**roméo et juliette, excerpt (je veux vivre dans cette rêve)**

| | | |
|---|---|---|
| Munich<br>4 November<br>1955 | Munich PO<br>Stader | 45: NL 32 147 |
| Munich<br>4 November<br>1955 | Munich PO<br>Stader<br>Sung in German | 45: NL 32 146<br>LP: LPE 17 088 |

**EDVARD GRIEG (1843-1907)**

**piano concerto**

| | | |
|---|---|---|
| Berlin<br>2-3<br>March<br>1953 | BPO<br>Aeschbacher | LP: LP 16 075/LPE 17 143/<br>89 521/2870 122 |

**JACQUES HALEVY (1799-1862)**

**la juive, excerpt (si la rigueur)**

| | | |
|---|---|---|
| Berlin<br>18 November<br>1955 | Berlin RO<br>Greindl<br>Sung in German | 45: NL 32 116<br>LP: LPE 17 081<br>Reissued on CD by Preiser 90124 |

216   Ludwig

GEORGE FRIDERIC HANDEL (1685-1759)

adagio and allegro from organ concerto no 10

Berlin      BPO              78: LM 67 258
1938        Sittard


allegro and andante from organ concerto no 1

Berlin      BPO              78: LM 67 257
1938        Sittard


FRANZ JOSEF HAYDN (1749-1809)

symphony no 103 "drum roll"

Berlin      BPO              78: LM 67 616-67 619
1940


PAUL HINDEMITH (1895-1963)

mathis der maler, scenes

Berlin      Berlin RO        LP: LPM 18 769/SLPM 138 769
17-21       Lorengar, Grobe, CD: 431 7412
November    Fischer-Dieskau  Excerpt
1961                         LP: LPEM 19 460/SLPEM 136 460


RUGGIERO LEONCAVALLO (1858-1919)

i pagliacci, excerpt (un tal gioco)

Munich      Munich PO        78: L 62 913
25 June     Anders           45: EPL 30 012
1953        Sung in German   LP: LPE 17 091

## FRANZ LISZT (1811-1886)

### piano concerto no 1

| | | |
|---|---|---|
| Berlin<br>26-28<br>February<br>1953 | BPO<br>Foldes | LP: LPM 18 133/479 002/89 567<br>Excerpt<br>LP: LPEM 19 016 |

### piano concerto no 2

| | | |
|---|---|---|
| Berlin<br>26-28<br>February<br>1953 | BPO<br>Foldes | LP: LPM 18 133/478 417/89 567 |

### les préludes, symphonic poem

| | | |
|---|---|---|
| Berlin<br>14 November<br>1951 | BPO | 78: LVM 72 143<br>45: EPL 30 057<br>LP: LPE 17 034/89 673<br>LP: Decca (USA) DL 7530 |

## ALBERT LORTZING (1801-1851)

### der wildschütz, excerpt (auf des lebens raschen wogen)

| | | |
|---|---|---|
| Munich<br>3 November<br>1955 | Munich PO<br>Stader | 45: EPL 30 114<br>LP: LPE 17 088 |

**218**  Ludwig

GUSTAV MAHLER (1860-1911)

**symphony no 4**

| | | |
|---|---|---|
| Dresden<br>7-10<br>January<br>1957 | Dresden<br>Staatskapelle<br>Schlemm | LP: LPM 18 359/478 404<br>Reissued on CD by Berlin Classics<br>BC 21192 |

HEINRICH MARSCHNER (1795-1861)

**hans heiling, overture**

| | | |
|---|---|---|
| Berlin<br>1939 | Städtische Oper<br>Orchestra | 78: EM 15 523 |

**hans heiling, excerpt (an jenem tag)**

| | | |
|---|---|---|
| Berlin<br>24 February<br>1956 | Berlin RO<br>Metternich | 45: EPL 30 249<br>LP: LPE 17 095<br>Reissued on LP by Preiser PR 135 013<br>and on CD by Preiser 90125 |

## WOLFGANG AMADEUS MOZART (1756-1791)

**symphony no 39**

| | | |
|---|---|---|
| Berlin<br>1941 | BPO | 78: LM 67 613-67 615 |

**piano concerto no 15**

| | | |
|---|---|---|
| Berlin<br>6-8<br>February<br>1963 | BPO<br>Foldes | LP: LPM 18 796/SLPM 138 796/<br>     2538 190/2548 193 |

**piano concerto no 25**

| | | |
|---|---|---|
| Berlin<br>6-8<br>February<br>1963 | BPO<br>Foldes | LP: LPM 18 796/SLPM 138 796/2538 190 |

**horn concerto no 3**

| | | |
|---|---|---|
| Berlin<br>21-25<br>February<br>1956 | Berlin RO<br>Blank | LP: LPM 18 306 |

**horn concerto no 4**

| | | |
|---|---|---|
| Berlin<br>21-25<br>February<br>1956 | Berlin RO<br>Blank | LP: LPM 18 306 |

**220**  Ludwig

**a questo seno, concert aria**

| | | |
|---|---|---|
| Munich | Bavarian | 45: EPL 30 223 |
| 2 November | Radio Orchestra | |
| 1955 | Stader | |

**così fan tutte, overture**

| | | |
|---|---|---|
| Berlin | BPO | 78: LM 67 184 |
| 1938 | | |

**le nozze di figaro, excerpt (non so più)**

| | | |
|---|---|---|
| Munich | Bavarian | 45: NL 32 125 |
| 1 November | Radio Orchestra | |
| 1955 | Stader | |
| Munich | Bavarian | 45: NL 32 124 |
| 1 November | Radio Orchestra | LP: LPEM 19 066/89 539 |
| 1955 | Stader | |
| | Sung in German | |

**le nozze di figaro, excerpt (voi che sapete)**

| | | |
|---|---|---|
| Munich | Bavarian | 45: NL 32 125 |
| 1 November | Radio Orchestra | LP: LPM 18 558-18 559 |
| 1955 | Stader | |
| Munich | Bavarian | 45: NL 32 124 |
| 1 November | Radio Orchestra | LP: LPEM 19 066/89 539 |
| 1955 | Stader | |
| | Sung in German | |

**le nozze di figaro, excerpt (hai già vinta la causa!)**

| | | |
|---|---|---|
| Berlin | Berlin RO | 45: EPL 30 249 |
| 24 February | Metternich | LP: LPE 17 095/LPEM 19 066/89 539 |
| 1956 | Sung in German | Reissued on LP by Preiser PR 135 013 |
| | | and on CD by Preiser 90125 |

LPEM 19 066 and 89 539 were Figaro Querschnitt

GIACOMO PUCCINI (1858-1924)

madama butterfly, entr'acte

Berlin          Staatskapelle       78: EM 15 530
1940


SERGEI RACHMANINOV (1873-1943)

piano concerto no 2

Berlin          BPO                 LP: LPM 18 190/89 564/236 547-236 549
23-25           Foldes
April
1954


EMIL VON REZNICEK (1860-1945)

donna diana, overture

Berlin          Staatskapelle       78: EM 15 213
1938


GIOACHINO ROSSINI (1792-1868)

il barbiere di siviglia, storm entr'acte

Berlin          Städtische Oper     Catalogue number not confirmed
1940            Orchestra

## JOHANN STRAUSS II (1825-1899)

### czardas from ritter pasman

| | | |
|---|---|---|
| Berlin 1940 | Staatskapelle | 78: EM 15 359 |

### kaiserwalzer

| | | |
|---|---|---|
| Berlin 1938 | Staatskapelle | 78: EM 15 199 |

### perpetuum mobile

| | | |
|---|---|---|
| Berlin 1940 | Staatskapelle | 78: EM 15 359 |

## RICHARD STRAUSS (1864-1949)

### allerseelen

| | | |
|---|---|---|
| Berlin 15 November 1955 | Berlin RO De Luca | 45: NL 32 227 |

### der rosenkavalier, excerpt (di rigori armato)

| | | |
|---|---|---|
| Berlin 14 November 1955 | Berlin RO De Luca | 45: NL 32 132 |

## PIOTR TCHAIKOVSKY (1840-1893)

**piano concerto no 1**

| | | |
|---|---|---|
| Berlin<br>13 November<br>1951 | BPO<br>Cherkassky | LP: LPM 18 013/478 447/236 547-236 549/<br>89 517/2870 120<br>LP: Decca (USA) DL 9605 |

## GIUSEPPE VERDI (1813-1901)

**aida, excerpt (celeste aida)**

| | | |
|---|---|---|
| Berlin<br>15 November<br>1955 | Berlin RO<br>De Luca | 45: EPL 30 116 |
| Berlin<br>15 November<br>1955 | Berlin RO<br>De Luca<br>Sung in German | 45: EPL 30 115 |

**aida, grand march**

| | | |
|---|---|---|
| Munich<br>22 June<br>1953 | Munich PO | 78: LVM 72 439<br>45: EPL 30 008 |

**la traviata, preludes to acts 1 and 3**

| | | |
|---|---|---|
| Berlin<br>1938 | Staatskapelle | 78: EM 15 194 |

**la traviata, excerpt (deh miei bollenti spiriti)**

| | | |
|---|---|---|
| Munich<br>25 June<br>1953 | Munich PO<br>Anders | 45: EPL 30 486/NL 32 025 |
| Munich<br>25 June<br>1953 | Munich PO<br>Anders<br>Sung in German | 78: L 62 913<br>45: EPL 30 012<br>LP: LPE 17 091/LPEM 19 390/88 018/<br>2548 155/2721 212 |

224 Ludwig

## RICHARD WAGNER (1813-1883)

**götterdämmerung, excerpt (zu neuen taten!)**

| | | |
|---|---|---|
| Munich | Bavarian | LP: LPEM 19 063/89 800 |
| 7-8 | Radio Orchestra | CD: 423 7202 |
| September | Varnay, | |
| 1955 | Windgassen | |

**götterdämmerung, excerpt (hier sitz' ich zur wacht)**

| | | |
|---|---|---|
| Berlin | Berlin RO | 45: EPL 30 271 |
| 17 November | Greindl | LP: LPEM 19 063/478 438/89 800/2721 111 |
| 1955 | | |

**götterdämmerung, excerpt (brünnhilde! heilige braut!)**

| | | |
|---|---|---|
| Munich | Munich PO | 78: LV 36 083 |
| 26 June | Windgassen | 45: NL 32 144 |
| 1953 | | LP: LPEM 19 106/2548 156 |

**lohengrin, act 3 prelude**

| | | |
|---|---|---|
| Berlin | Staatskapelle | 78: EM 15 203 |
| 1938 | | |

**die meistersinger von nürnberg, excerpt (das schöne fest, johannistag!)**

| | | |
|---|---|---|
| Berlin | Berlin RO | 45: EPL 30 271 |
| 20 February | Greindl | LP: LPE 17 081/2700 703/2721 111 |
| 1956 | | <u>Reissued on CD by Preiser 90124</u> |

**die meistersinger von nürnberg, dance of apprentices & entry of the masters**

| | | |
|---|---|---|
| Berlin | Staatskapelle | 78: EM 15 198 |
| 1938 | | |

**rienzi, overture**

| | | |
|---|---|---|
| Berlin<br>1938 | Staatskapelle | 78: EM 15 192-15 193 |

**tannhäuser, overture**

| | | |
|---|---|---|
| Berlin<br>1938 | BPO | 78: EM 15 222-15 223<br>78: Decca LY 6159-6160 |

**tannhäuser, entry of the guests**

| | | |
|---|---|---|
| Berlin<br>1938 | BPO | 78: EM 15 203<br>78: Decca LY 6160 |

**tannhäuser, excerpt (gar viel und schön)**

| | | |
|---|---|---|
| Berlin<br>17-18<br>November<br>1955 | Berlin RO<br>Greindl | 45: NL 32 116<br>LP: LPEM 19 069/2721 111<br><u>Reissued on CD by Preiser 90124</u> |

**tristan und isolde, excerpt (wie sie selig, hehr und milde)**

| | | |
|---|---|---|
| Munich<br>26 June<br>1953 | Munich PO<br>Windgassen | 45: EPL 30 025<br>LP: LPEM 19 018/LPEM 19 106/2548 156 |

**die walküre, excerpt (siegmund! sieh auf mich!)**

| | | |
|---|---|---|
| Munich<br>6-7<br>September<br>1955 | Bavarian<br>Radio Orchestra<br>Varnay,<br>Windgassen | LP: LPEM 19 063/89 800<br>CD: 423 7202 |

**wesendonk-lieder**

| | | |
|---|---|---|
| Munich<br>5-9<br>September<br>1955 | Bavarian<br>Radio Orchestra<br>Varnay | LP: LPEM 19 059/2548 113<br>CD: 423 9552<br><u>Schmerzen and Träume</u><br>45: EPL 30 459 |

## CARL MARIA VON WEBER (1786-1826)

**abu hassan, overture**

Berlin          Staatskapelle      78: EM 15 213
1938

**oberon, overture**

Berlin          BPO                 78: EM 15 197
1938                                      78: Decca LY 6124

# Franz Konwitschny
# 1902-1962

# LUDWIG VAN BEETHOVEN

Romance for Violin and Orchestra No. 1, G major, Opus 40
Romance for Violin and Orchestra No. 2, F major, Opus 50

IGOR OISTRAKH, Violin
GEWANDHAUSORCHESTER, LEIPZIG · CONDUCTOR: FRANZ KONWITSCHNY

EPL 30246

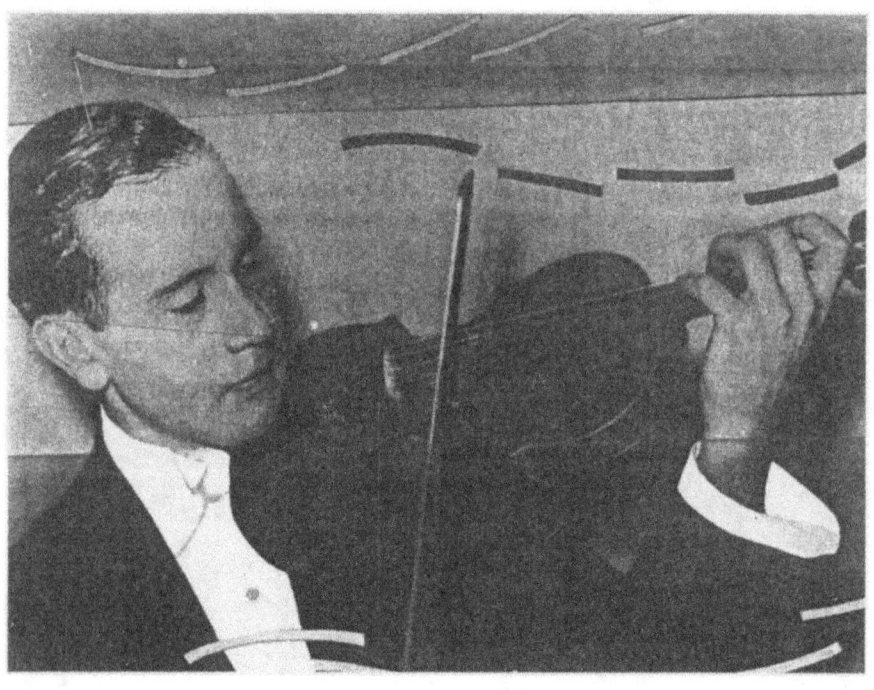

## JOHANN SEBASTIAN BACH (1685-1750)

**concerto for violin and orchestra bwv 1042**

| | | |
|---|---|---|
| Leipzig<br>29-30<br>March<br>1956 | Gewandhaus<br>Orchestra<br>I.Oistrakh | LP: LPM 18 328/478 449/89 560<br>Reissued on CD by Berlin Classics<br>BC 21302 |

**concerto for 2 violins and orchestra bwv 1043**

| | | |
|---|---|---|
| Leipzig<br>16 April<br>1957 | Gewandhaus<br>Orchestra<br>D.& I.Oistrakh | LP: LPM 18 393<br>LP: Decca (USA) DL 9875/DL 9950<br>Reissued on CD by Berlin Classics<br>BC 21302 |

## LUDWIG VAN BEETHOVEN (1770-1827)

**violin romance no 1**

| | | |
|---|---|---|
| Leipzig<br>3 April<br>1956 | Gewandhaus<br>Orchestra<br>I.Oistrakh | 45: EPL 30 246<br>LP: LPM 18 328/89 599<br>LP: Decca (USA) DL 9875<br>Reissued on CD·by Berlin Classics<br>BC 21312 |

**violin romance no 2**

| | | |
|---|---|---|
| Leipzig<br>3 April<br>1956 | Gewandhaus<br>Orchestra<br>I.Oistrakh | 45: EPL 30 246<br>LP: LPM 18 328/89 599<br>LP: Decca (USA) DL 9875<br>Reissued on CD by Berlin Classics<br>BC 21312 |

## JOHANNES BRAHMS (1833-1897)

**piano concerto no 1**

| | | |
|---|---|---|
| Dresden<br>2-3<br>May<br>1957 | Dresden<br>Staatskapelle<br>Kempff | LP: LPM 18 376/2548 100<br>CD: 437 3742/447 9782 |

**violin concerto**

| | | |
|---|---|---|
| Berlin<br>16 February<br>1954 | Dresden<br>Staatskapelle<br>Oistrakh | LP: LPM 18 199/2700 111/2726 087/<br>478 137/89 607<br>LP: Decca (USA) DL 9754<br>CD: 423 3992/447 4272 |

## FELIX MENDELSSOHN-BARTHOLDY (1809-1847)

**violin concerto**

| | | |
|---|---|---|
| Leipzig<br>30-31<br>March<br>1956 | Gewandhaus<br>Orchestra<br>I.Oistrakh | LP: LPM 18 329/478 449/89 560/<br>89 599/89 778<br>LP: Decca (USA) DL 9842 |

**WOLFGANG AMADEUS MOZART (1756-1791)**

violin concerto no 5

| | | |
|---|---|---|
| Dresden<br>10-11<br>February<br>1954 | Dresden<br>Staatskapelle<br>Oistrakh | LP: LP 16 101/LPE 17 159/2700 111/<br>    2726 087/478 132/89 778/89 593<br>LP: Decca (USA) DL 9766<br><u>Reissued on CD by Berlin Classics</u><br><u>BC 21312</u> |

**PABLO SARASATE (1844-1908)**

spanish dance/navarra

| | | |
|---|---|---|
| Leipzig<br>17 April<br>1957 | Gewandhaus<br>Orchestra<br>D.& I.Oistrakh | 45: EPL 30 286<br>LP: Decca (USA) DL 9962 |

**RICHARD STRAUSS (1864-1949)**

sinfonia domestica

| | | |
|---|---|---|
| Dresden<br>14-20<br>June<br>1956 | Dresden<br>Staatskapelle | LP: LPM 18 331 |

## 232  Konwitschny

### PIOTR TCHAIKOVSKY (1840-1893)

violin concerto

| | | |
|---|---|---|
| Dresden<br>10-11<br>February<br>1954 | Dresden<br>Staatskapelle<br>Oistrakh | LP: LPE 17 163/LPM 18 196/2700 111/<br>   2726 087/478 437<br>LP: Decca (USA) DL 9755<br>CD: 423 3992/447 4272 |

### ANTONIO VIVALDI (1678-1741)

Concerto grosso for 2 violins and orchestra op 3 no 8

| | | |
|---|---|---|
| Leipzig<br>16 April<br>1957 | Gewandhaus<br>Orchestra<br>D.& I.Oistrakh | LP: LPM 18 393<br>LP: Decca (USA) DL 9950<br>Reissued on CD by Berlin Classics<br>BC 21302 |

### HENRYK WIENIAWSKI (1835-1880)

violin concerto no 2

| | | |
|---|---|---|
| Leipzig<br>29 March<br>1956 | Gewandhaus<br>Orchestra<br>I.Oistrakh | LP: LPM 18 329<br>LP: Decca (USA) DL 9842<br>Reissued on CD by Berlin Classics<br>BC 21312 |

### FRIEDRICH WITT (1771-1837)

**symphony in c "jena"**
at the time of this recording the work was still attributed to Beethoven

| | | |
|---|---|---|
| Dresden<br>19-20<br>June<br>1956 | Dresden<br>Staatskapelle | LP: LPE 17 077 |

Recordings by the Leipzig and Dresden orchestras made during the existence of the German Democratic Republic were co-productions with Deutsche Schallplatten and were usually published simultaneously on the Eterna label

# Ferenc Fricsay
# 1914-1963

## MODEST MOUSSORGSKY
# A Night on the Bare Mountain

Radio Symphony Orchestra of Berlin · Ferenc Fricsay

Deutsche Grammophon Gesellschaft

EPL 30282

## BELA BARTOK (1881-1945)

### piano concerto no 1

| | | |
|---|---|---|
| Berlin<br>17-19<br>October<br>1960 | Berlin RO<br>Anda | LP: LPM 18 708/SLPM 138 708/2726 005<br>CD: 427 4102/447 3992 |

### piano concerto no 2

| | | |
|---|---|---|
| Berlin<br>September<br>1959 | Berlin RO<br>Anda | LP: LPM 18 611/SLPM 138 111/2726 005<br>CD: 427 4102/447 3992 |

### piano concerto no 3

| | | |
|---|---|---|
| Berlin<br>27-30<br>April<br>1954 | Berlin RO<br>Haas | LP: LPM 18 223/89 738<br>LP: Decca (USA) DL 9774 |
| Berlin<br>September<br>1959 | Berlin RO<br>Anda | LP: LPM 18 611/SLPM 138 111/2726 005<br>CD: 427 4102/447 3992 |

### rhapsody for piano and orchestra

| | | |
|---|---|---|
| Berlin<br>17-19<br>October<br>1960 | Berlin RO<br>Anda | LP: LPM 18 708/SLPM 138 708/2726 005<br>CD: 427 4102 |

**violin concerto no 2**

| | | |
|---|---|---|
| Berlin<br>9-15<br>January<br>1951 | BPO<br>Varga | 78: LVM 72 075-72 077<br>LP: LPM 18 006/2535 704<br>LP: Decca (USA) DL 9545<br>CD: 445 4002/445 4022 |

**concerto for orchestra**

| | | |
|---|---|---|
| Berlin<br>9-10<br>April<br>1957 | Berlin RO | LP: LPM 18 377/2535 701<br>CD: 427 4102 |

**music for strings, percussion and celesta**

| | | |
|---|---|---|
| Berlin<br>17-20<br>June<br>1953 | Berlin RO | LP: LP 16 074/LPM 18 493/2535 702<br>CD: 437 6752 |

**dance suite**

| | | |
|---|---|---|
| Berlin<br>9-12<br>June<br>1953 | Berlin RO | LP: LPM 18 153/2535 705<br>CD: 445 4002/445 4022 |

## divertimento

| | | |
|---|---|---|
| Berlin<br>11-13<br>April<br>1953 | Berlin RO | LP: LPM 18 153/2535 702<br>LP: Decca (USA) DL 9748<br>CD: 437 6752 |

## 2 portraits

| | | |
|---|---|---|
| Berlin<br>7 June<br>1952 | Berlin RO | LP: LP 16 054/LPM 18 493/2535 705<br>LP: Decca (USA) DL 9748<br>CD: 437 6752 |

## cantata profana

| | | |
|---|---|---|
| Berlin<br>12 September<br>1951 | Berlin RO<br>RIAS and Hedwig's<br>Choirs<br>Krebs,<br>Fischer-Dieskau | CD: 445 4002/445 4022<br><u>Originally a Berlin Radio recording</u> |

## bluebeard's castle

| | | |
|---|---|---|
| Berlin<br>7-8<br>October<br>1958 | Berlin RO<br>Töpper,<br>Fischer-Dieskau<br><u>Sung in German</u> | LP: LPM 18 565/SLPM 138 030/2535 703<br>CD: 445 4452 |

## LUDWIG VAN BEETHOVEN (1770-1827)

### symphony no 1

| | | |
|---|---|---|
| Berlin<br>9-10<br>January<br>1953 | BPO | LP: LPM 18 100/478 080/89 613/<br>  2548 143/2730 015<br>LP: Decca (USA) DL 9626<br><u>Second movement</u><br>45: EPL 30 306 |

### symphony no 3 "eroica"

| | | |
|---|---|---|
| Berlin<br>6-13<br>October<br>1958 | BPO | LP: LPM 18 576/SLPM 138 038/<br>  2548 088/2730 015 |

### symphony no 5

| | | |
|---|---|---|
| Berlin<br>25-26<br>September<br>1961 | BPO | LP: LPM 18 813/SLPM 138 813/<br>  2548 028/2730 015 |

### symphony no 7

| | | |
|---|---|---|
| Berlin<br>3-5<br>October<br>1960 | BPO | LP: LPM 18 757/SLPM 138 757/89 864/<br>  2548 107/2730 015<br>CD: 453 7002/453 8042 |

## symphony no 8

| | | |
|---|---|---|
| Berlin<br>8-13<br>April<br>1953 | BPO | LP: LPM 18 100/478 080/89 613/<br>     2548 143/2730 015<br>LP: Decca (USA) DL 9626 |

## symphony no 9 "choral"

| | | |
|---|---|---|
| Berlin<br>28 December<br>1957-<br>2 January<br>1958 | BPO<br>Hedwig's Choir<br>Seefried,<br>Forrester,<br>Haefliger,<br>Fischer-Dieskau | LP: LPM 18 512-18 513/<br>     SLPM 138 002-138 003/89 727-89 728/<br>     2535 203/2700 108/2730 015<br>CD: 445 4002/445 4012 |

## piano concerto no 3

| | | |
|---|---|---|
| Munich<br>3 December<br>1957 | Bavarian<br>State Orchestra<br>A.Fischer | LP: LPM 18 607/SLPM 138 607/<br>     89 513/2548 238<br>LP: Heliodor (USA) H 25001/HS 25001<br>CD: 453 7002/453 8042 |

## triple concerto

| | | |
|---|---|---|
| Berlin<br>May-June<br>1960 | Berlin RO<br>Anda, Fournier,<br>Schneiderhan | LP: LPEM 19 236/SLPEM 136 236/2535 153/<br>     2721 128/2726 008<br>CD: 429 9342/439 7372 |

**240**  Fricsay

**egmont, overture**

| | | |
|---|---|---|
| Berlin<br>30 September<br>1958 | BPO | LP: LPE 17 168/LPM 18 512-18 513/<br>LPEM 19 226/SLPM 138 002-138 003/<br>SLPEM 136 226/89 727-89 728/<br>135 003/2700 108<br>CD: 427 8272 |

**fidelio**

| | | |
|---|---|---|
| Munich<br>August<br>1957 | Bavarian State<br>Orchestra & Chorus<br>Rysanek, Seefried,<br>Haefliger, Lenz,<br>Frick, Engen,<br>Fischer-Dieskau | LP: LPM 18 390-18 391/<br>    SLPM 138 390-138 391/2726 088/2727 006<br>CD: 437 3452/453 1062<br>Excerpts<br>45: EPL 30 408/SEPL 30 408<br>LP: LPE 17 168/LPEM 19 215/LPEM 19 477/<br>    SLPEM 136 215/SLPEM 136 477/<br>    135 018/135 113/2535 298/<br>    2535 631/2535 746/2548 118/2548 277<br>CD: 437 6772<br>DG's first stereophonic recording;<br>excerpts also issued on CD IMPX 9021 |

**leonore no 3, overture**

| | | |
|---|---|---|
| Berlin<br>30 September<br>1958 | BPO | LP: LPM 18 512-18 513/<br>SLPM 138 002-138 003/89 727-89 728/<br>2700 108<br>CD: 437 3452 |

## HECTOR BERLIOZ (1803-1869)

### le carnaval romain, overture

| Paris | Lamoureux | 45: NL 32 038 |
| 11 March | Orchestra | LP: LPEM 19 061/2535 738 |
| 1952 | | LP: Decca (USA) DL 4027 |
| | | CD: 447 3612 |

### la damnation de faust, danse des sylphes

| Berlin | Berlin RO | 78: LVM 72 297 |
| 2 March | | LP: LPEM 19 061/2535 738 |
| 1952 | | CD: 447 3612 |

### la damnation de faust, marche hongroise

| Berlin | BPO | 78: LVM 72 297 |
| 9 July | | 45: EPL 30 005/NL 32 305 |
| 1950 | | LP: LPEM 19 061/2535 738/2548 064 |
| | | CD: 447 3612 |

| Berlin | Berlin RO | LP: 135 015/135 017/2535 631 |
| 2-3 | | CD: 439 2762 |
| October | | <u>Fricsay's final recording</u> |
| 1961 | | |

## GEORGES BIZET (1838-1875)

**carmen, prelude**

| | | |
|---|---|---|
| Munich<br>6-12<br>January<br>1958 | Bavarian<br>State Orchestra | LP: LPEM 19 153/SLPEM 19 191/<br>SLPEM 136 032/2535 297<br>CD: 447 8092<br>Another version of the Prelude included<br>in the Carmen Suite listed below |

**carmen, excerpt (l'amour est un oiseau rebelle!)**

| | | |
|---|---|---|
| Munich<br>6-12<br>January<br>1958 | Bavarian State<br>Orchestra & Chorus<br>Dominguez<br>Sung in German | LP: LPEM 19 153/LPEM 19 191/<br>SLPEM 136 032/2535 297<br>CD: 447 8092 |

**carmen, excerpt (parle-moi de ma mère!)**

| | | |
|---|---|---|
| Munich<br>6-12<br>January<br>1958 | Bavarian<br>State Orchestra<br>Stader, Simandi<br>Sung in German | LP: LPEM 19 153/LPEM 19 191/<br>SLPEM 136 032/2535 297<br>CD: 447 8092 |

**carmen, excerpt (près des remparts de séville)**

| | | |
|---|---|---|
| Munich<br>6-12<br>January<br>1958 | Bavarian<br>State Orchestra<br>Dominguez,<br>Simandi<br>Sung in German | LP: LPEM 19 153/LPEM 19 191/LPEM 19 179/<br>SLPEM 136 032/SLPEM 136 025/2535 297<br>CD: 447 8092 |

**carmen, excerpt (les tringles des sistres)**

| | | |
|---|---|---|
| Munich<br>6-12<br>January<br>1958 | Bavarian<br>State Orchestra<br>Steffek, Fölser,<br>Dominguez<br>Sung in German | LP: LPEM 19 153/LPEM 19 191/<br>SLPEM 136 032/2535 297<br>CD: 447 8092 |

carmen, excerpt (votre toast!)

| | | |
|---|---|---|
| Berlin<br>18-22<br>January<br>1957 | Berlin RO<br>Metternich<br>Sung in German | LP: LPE 17 095<br>Reissued on CD by Preiser 90125 |
| Munich<br>6-12<br>January<br>1958 | Bavarian State<br>Orchestra & Chorus<br>Metternich<br>Sung in German | LP: LPEM 19 153/LPEM 19 191/<br>SLPEM 136 032/2535 297<br>CD: 447 8092 |
| Berlin<br>17-21<br>January<br>1961 | Berlin RO<br>Fischer-Dieskau | LP: LPM 18 700/SLPM 138 700 |

carmen, excerpt (nous avons en tête une affaire!)

| | | |
|---|---|---|
| Munich<br>6-12<br>January<br>1958 | Bavarian<br>State Orchestra<br>Steffek, Fölser,<br>Dominguez, Kuen,<br>Wehofschitz<br>Sung in German | LP: LPEM 19 153/LPEM 19 191/<br>SLPEM 136 032/2535 297<br>CD: 447 8092 |

carmen, excerpt (la fleur que tu m'avais jetée)

| | | |
|---|---|---|
| Munich<br>6-12<br>January<br>1958 | Bavarian<br>State Orchestra<br>Simandi<br>Sung in German | LP: LPEM 19 153/LPEM 19 191/<br>SLPEM 136 032/2535 297<br>CD: 447 8092 |

carmen, excerpt (carreau! pique!)

| | | |
|---|---|---|
| Munich<br>6-12<br>January<br>1958 | Bavarian<br>State Orchestra<br>Dominguez<br>Sung in German | LP: LPEM 19 153/LPEM 19 179/LPEM 19 191/<br>SLPEM 136 025/SLPEM 136 032/2535 297<br>CD: 447 8092 |

**carmen, excerpt (je dis que rien ne m'épouvante)**

| | | |
|---|---|---|
| Munich | Bavarian | LP: LPEM 19 153/LPEM 19 191/ |
| 6-12 | State Orchestra | SLPEM 136 032/2535 297 |
| January | Stader | CD: 447 8092 |
| 1958 | Sung in German | |

**carmen, excerpt (les voici!)**

| | | |
|---|---|---|
| Munich | Bavarian State | LP: LPEM 19 153/LPEM 19 191/ |
| 6-12 | Orchestra & Chorus | SLPEM 136 032/2535 297 |
| January | Sung in German | CD: 447 8092 |
| 1958 | | |

**carmen, excerpt (c'est toi! c'est moi!)**

| | | |
|---|---|---|
| Munich | Bavarian State | LP: LPEM 19 153/LPEM 19 191/ |
| 6-12 | Orchestra & Chorus | SLPEM 136 032/2535 297 |
| January | Dominguez, Simandy | CD: 447 8092 |
| 1958 | Sung in German | |

**carmen, suite and ballet music**

| | | |
|---|---|---|
| Berlin | Berlin RO | 45: EPL 30 453 |
| 13-19 | | LP: LPE 17 092/478 075/2535 738 |
| September | | Suite only |
| 1956 | | CD: 447 3612 |

**les pêcheurs de perles, excerpt (l'orage s'est calmé/o nadir!)**

| | | |
|---|---|---|
| Berlin | Berlin RO | LP: LPM 18 700/SLPM 138 700 |
| 17-21 | Fischer-Dieskau | |
| January | | |
| 1961 | | |

LPEM 19 153, LPEM 19 191, SLPEM 136 032, 2535 297 and 447 8092 were a Carmen Querschnitt

## BORIS BLACHER (1903-1975)

### paganini variations

| | | |
|---|---|---|
| Berlin<br>4 October<br>1950 | Berlin RO | 45: NH 56 001<br>LP: LP 16 054/LPM 18 494<br>LP: Decca (USA) DL 9769<br>CD: 445 4002/445 4042 |

### rondo from piano concerto no 1

| | | |
|---|---|---|
| Berlin<br>6 December<br>1949 | Berlin RO<br>Herzog | DG unpublished |

## ALEXANDER BORODIN (1833-1887)

### polovtsian dances

| | | |
|---|---|---|
| Berlin<br>4-5<br>April<br>1950 | Berlin RO | 78: LVM 72 056<br>45: EPL 30 440/466 028<br>45: Decca (USA) ED 3547<br>LP: LP 16 006/LPE 17 071/478 088/2535 727<br>LP: Decca (USA) DL 9546 |

### in the steppes of central asia

| | | |
|---|---|---|
| Berlin<br>23 March<br>1952 | Berlin RO | 78: LVM 72 297<br>45: Decca (USA) ED 3521<br>LP: LPEM 19 061/478 088/2535 727/2548 064<br>LP: Decca (USA) DL 4022 |

246  Fricsay

JOHANNES BRAHMS (1833-1897)

**symphony no 2**

| | | |
|---|---|---|
| Salzburg<br>27 August<br>1961 | VPO | CD: 445 4002/445 4072<br><u>Austrian Radio recording</u> |

**piano concerto no 2**

| | | |
|---|---|---|
| Berlin<br>5-12<br>May<br>1960 | BPO<br>Anda | LP: LPM 18 683/SLPM 138 683<br>CD: 431 2432 |

**double concerto**

| | | |
|---|---|---|
| Berlin<br>3-5<br>June<br>1961 | Berlin RO<br>Schneiderhan,<br>Starker | LP: LPE 17 237/SLPE 133 237/<br>    SLPEM 139 126/2535 140/2726 008<br>CD: 429 9342/439 7372 |

**haydn variations**

| | | |
|---|---|---|
| Berlin<br>September<br>1957 | Berlin RO | LP: LPM 18 458<br>LP: Decca (USA) DL 9975<br>CD: 445 4002/445 4072 |

**alto rhapsody**

| | | |
|---|---|---|
| Berlin<br>September<br>1957 | Berlin RO<br>RIAS Choir<br>Forrester | LP: LPE 17 199<br>CD: 445 4002/445 4072 |

## MAX BRUCH (1838-1920)

### violin concerto no 1

| | | |
|---|---|---|
| Berlin<br>14-17<br>October<br>1958 | Berlin RO<br>Morini | LP: LPM 18 577/SLPM 138 044/2548 170 |

## CLAUDE DEBUSSY (1862-1918)

### prélude à l'après-midi d'une faune

| | | |
|---|---|---|
| Berlin<br>3 January<br>1953 | Berlin RO | LP: 2535 725<br>Berlin Radio recording |

### danse sacrée et danse profane

| | | |
|---|---|---|
| Berlin<br>14 January<br>1957 | Berlin RO<br>Zabaleta | LP: LPE 17 115/2535 725<br>LP: Decca (USA) DL 9929 |

## PAUL DUKAS (1865-1935)

### l'apprenti sorcier

| | | |
|---|---|---|
| Paris<br>11 March<br>1952 | Lamoureux<br>Orchestra | 78: LV 36 027<br>45: EPL 30 281<br>LP: LPEM 19 061/2535 738<br>LP: Decca (USA) DL 4027<br>CD: 447 3612 |

## ANTONIN DVORAK (1841-1904)

### symphony no 9 "from the new world"

| | | |
|---|---|---|
| Berlin<br>8-14<br>September<br>1953 | Berlin RO | LP: LPM 18 142/478 096<br>LP: Decca (USA) DL 9845<br><u>Second movement</u><br>LP: LPE 17 087 |
| Berlin<br>5-6<br>October<br>1959 | BPO | LP: LPM 18 627/SLPM 138 127/135 053/<br>    2535 141/2721 172<br>CD: 423 3842/450 0332 |

### violin concerto

| | | |
|---|---|---|
| Berlin<br>8 June<br>1953 | Berlin RO<br>Martzy | LP: LPM 18 152/478 428/2535 729<br>LP: Decca (USA) DL 9858 |

## WERNER EGK (1901-1983)

### französische suite

| | | |
|---|---|---|
| Berlin<br>12-23<br>September<br>1955 | Berlin RO | LP: LPM 18 401<br>LP: Decca (USA) DL 9861<br>CD: 445 4002/445 4042 |

### kleine abraxas suite

| | | |
|---|---|---|
| Berlin<br>September<br>1949 | Berlin RO | 78: LVM 72 050<br>45: EPL 30 228 |

## GOTTFRIED VON EINEM (1918-1997)

### piano concerto

| | | |
|---|---|---|
| Berlin<br>7 February<br>1961 | Berlin RO<br>Herzog | LP: LPM 18 759/SLPM 138 759<br>CD: 445 4002/445 4042 |

### ballade für orchester

| | | |
|---|---|---|
| Berlin<br>September<br>1961 | Berlin RO | LP: LPM 18 828/SLPM 138 828 |
| Berlin<br>1 October<br>1961 | Berlin RO | CD: 445 4002/445 4042<br><u>Berlin Radio recording</u> |

### capriccio

| | | |
|---|---|---|
| Berlin<br>22 March<br>1952 | Berlin RO | 45: NL 32 041<br>LP: LPM 18 494<br>LP: Decca (USA) DL 9769 |

### geschwindmarsch aus dantons tod

| | | |
|---|---|---|
| Berlin<br>22 September<br>1949 | Berlin RO | DG unpublished |

## MANUEL DE FALLA (1876-1946)

### noches en los jardines de espana

| | | |
|---|---|---|
| Berlin<br>2-6<br>April<br>1957 | Berlin RO<br>M.Weber | LP: LPEM 19 098/2535 722 |

Fricsay

**WOLFGANG FORTNER (1907-1987)**

**finale from symphony (1947)**

| | | |
|---|---|---|
| Berlin<br>December<br>1949 | Berlin RO | 78: LM 68 418<br>45: NL 32 140<br>LP: Decca (USA) DL 9769 |

**JEAN FRANCAIX (Born 1912)**

**concertino pour piano et orchestre**

| | | |
|---|---|---|
| Berlin<br>5 September<br>1956 | Berlin RO<br>M.Weber | LP: LPM 18 338<br>LP: Decca (USA) DL 9900 |

**CESAR FRANCK (1822-1890)**

**variations symphoniques pour piano et orchestre**

| | | |
|---|---|---|
| Berlin<br>2-6<br>June<br>1957 | Berlin RO<br>M.Weber | LP: LPEM 19 098/478 448/2535 722 |

**UMBERTO GIORDANO (1867-1948)**

**andrea chenier, excerpt (nemico della patria)**

| | | |
|---|---|---|
| Berlin<br>17-21<br>April<br>1961 | Berlin RO<br>Fischer-Dieskau | LP: LPM 18 700/SLPM 138 700 |

## ALEXANDER GLAZUNOV (1865-1936)

**violin concerto**

| Berlin<br>14-17<br>October<br>1958 | Berlin RO<br>Morini | LP: LPM 18 577/SLPM 138 044/2548 170 |

## REINHOLD GLIERE (1875-1956)

**symphony no 3 "ilya mourumetz"**

| Berlin<br>24-29<br>September<br>1955 | Berlin RO | LP: LPM 18 311/2535 726 |

## CHRISTOPH WILLIBALD GLUCK (1714-1787)

**orfeo ed euridice**

| Berlin<br>8-12<br>September<br>1956 | Berlin RO<br>RIAS Choir<br>Stader, Streich,<br>Fischer-Dieskau<br>Sung in German | LP: LPM 18 343-18 344/LPM 18 345-18 346/<br>    2700 103<br>LP: Decca (USA) DX 143<br>CD: 439 7112<br>Excerpts<br>45: EPL 30 405/EPL 30 444/EPL 30 650<br>LP: LPEM 19 411 |

# DIE ZAUBERFLÖTE  *Mozart*

Der Vogelfänger bin ich ja · Ein Mädchen oder Weibchen
Bei Männern, welche Liebe fühlen · Papagena, Papageno

MARIA STADER · LISA OTTO · DIETRICH FISCHER-DIESKAU

Deutsche Grammophon Gesellschaft

30 202 EPL HI-FI

JOHANN STRAUSS

FERENC FRICSAY
RIAS SYMPHONIE-ORCHESTER
BERLIN

Die Fledermaus
OUVERTURE

Der Zigeunerbaron
OUVERTURE

Deutsche Grammophon Gesellschaft

30 095 EPL M 45 HI-FI

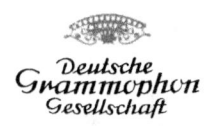

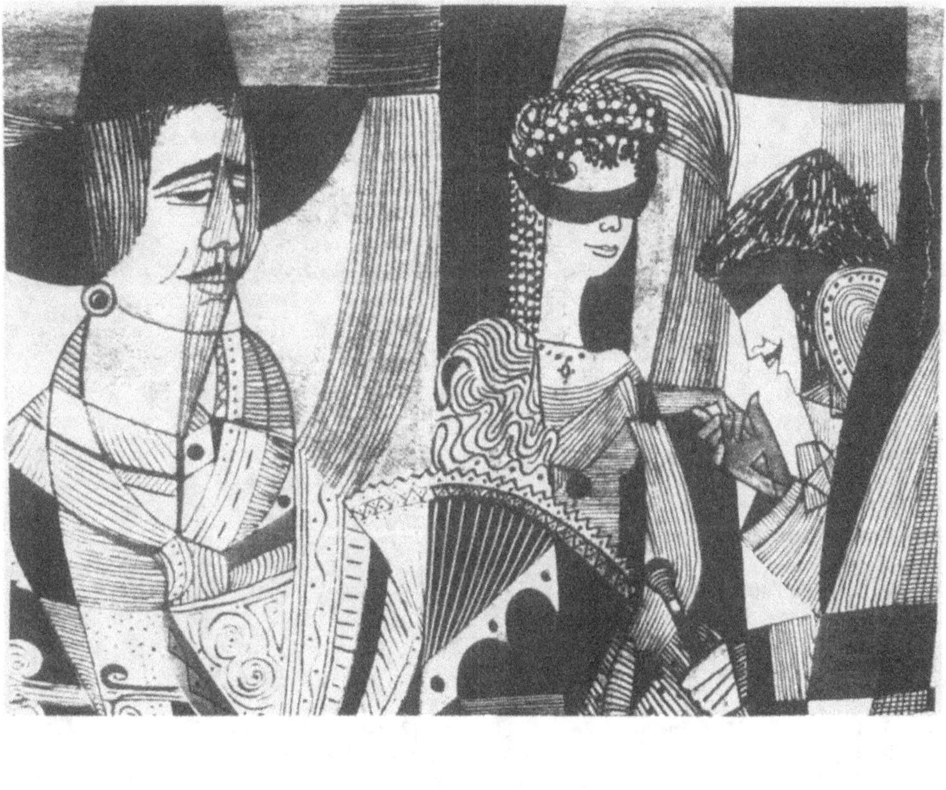

## CHARLES GOUNOD (1818-1893)

### faust, ballet music and waltz

| | | |
|---|---|---|
| Berlin<br>28 January-<br>1 February<br>1961 | Berlin RO | LP: LPEM 19 211/SLPEM 136 211/2535 603/<br>    2535 638/2548 133/2563 482<br>Waltz only<br>LP: LPEM 19 456/SLPEM 136 456/135 009/<br>    135 015/2705 006<br>CD: 439 2722 |

### faust, excerpt (avant de quitter ces lieux)

| | | |
|---|---|---|
| Berlin<br>17-21<br>April<br>1961 | Berlin RO<br>Fischer-Dieskau | LP: LPM 18 700/SLPM 138 700 |

## GEORGE FRIDERIC HANDEL (1685-1759)

### harp concerto in b flat

| | | |
|---|---|---|
| Berlin<br>14-16<br>January<br>1957 | Berlin RO<br>Zabaleta | 45: EPA 37 188<br>LP: LPE 17 115<br>LP: Decca (USA) DL 9929 |

## KARL AMADEUS HARTMANN (1905-1963)

### symphony no 6

| | | |
|---|---|---|
| Berlin<br>12-23<br>September<br>1955 | Berlin RO | LP: LPE 17 246<br>LP: Decca (USA) DL 9861 |

### adagio appassionato from symphony for strings

| | | |
|---|---|---|
| Berlin<br>December<br>1949 | Berlin RO | 78: LM 68 417<br>45: NL 32 140<br>LP: Decca (USA) DL 9769 |

# FRANZ JOSEF HAYDN (1732-1809)

## symphony no 44 "trauer"

| | | |
|---|---|---|
| Berlin<br>20 June<br>1953 | Berlin RO | LP: LPM 18 180/478 403/89 516/2535 714<br>LP: Decca (USA) DL 9614 |

## symphony no 48 "maria theresia"

| | | |
|---|---|---|
| Berlin<br>30 August-<br>1 September<br>1951 | Berlin RO | LP: 2535 714<br><u>Berlin Radio recording</u> |

## symphony no 95

| | | |
|---|---|---|
| Berlin<br>8-14<br>September<br>1953 | Berlin RO | LP: LPM 18 180/2535 715<br>LP: Decca (USA) DL 9745 |

## symphony no 98

| | | |
|---|---|---|
| Berlin<br>14-16<br>September<br>1954 | Berlin RO | LP: LP 16 124/LPM 18 339/478 403/<br>2535 715/2548 111 |

## symphony no 100 "military"

| | | |
|---|---|---|
| Berlin<br>4 May<br>1954 | Berlin RO | LP: 2535 716<br><u>Berlin Radio recording also issued on<br>LP by Movimento musica 01.048</u> |

256  Fricsay

**symphony no 101 "clock"**

| | | |
|---|---|---|
| Berlin<br>18-19<br>September<br>1951 | Berlin RO | LP: LP 16 013/LPM 18 339/89 516/<br>    2535 716/2548 111<br>LP: Decca (USA) DL 9617<br>Also issued on LP by Movimento musica<br>01.048 |

**die jahreszeiten**

| | | |
|---|---|---|
| Berlin<br>21-28<br>January<br>1952 | Berlin RO<br>RIAS and Hedwig's<br>Choirs<br>Trötschel,<br>W.Ludwig, Greindl | LP: LPM 18 025-18 028/LPM 18 486-18 488<br>LP: Decca (USA) DX 123<br>Excerpts<br>78: L 62 895/LV 36 063/LV 36 076 |
| Berlin<br>11 November<br>1961 | Berlin RO<br>Hedwig's Choir<br>Stader, Haefliger,<br>Greindl | LP: 2721 170<br>Berlin Radio recording |

**te deum**

| | | |
|---|---|---|
| Berlin<br>September-<br>October<br>1961 | Berlin RO<br>RIAS and NDR<br>Choirs | LP: LPEM 19 398/SLPEM 136 398/<br>    135 030/2535 712 |

HANS WERNER HENZE (Born 1926)

2 ballett-variationen

| | | |
|---|---|---|
| Berlin<br>6 December<br>1949 | Berlin RO | CD: 449 8602/449 8662<br><u>Berlin Radio recording</u> |

PAUL HINDEMITH (1895-1963)

symphonic dances

| | | |
|---|---|---|
| Berlin<br>4 October<br>1950 | Berlin RO | DG unpublished |

ARTHUR HONEGGER (1892-1955)

concertino pour piano et orchestre

| | | |
|---|---|---|
| Berlin<br>June<br>1955 | Berlin RO | LP: LPM 18 338<br>LP: Decca (USA) DL 9900<br>CD: 447 3612 |

JENO HUBAY (1858-1937)

csardas scene for violin and orchestra

| | | |
|---|---|---|
| Berlin<br>1954 | Berlin RO<br>Zacharias | 78: LVM 72 489<br>45: EPL 30 089<br>LP: LPE 17 071 |

## ZOLTAN KODALY (1882-1967)

### symphony

| | | |
|---|---|---|
| Berlin<br>11 September<br>1961 | Berlin RO | CD: 445 4002/445 4102<br><u>Berlin Radio recording</u> |

### psalmus hungaricus

| | | |
|---|---|---|
| Berlin<br>6-7<br>October<br>1954 | Berlin RO<br>RIAS Choir<br>Haefliger | LP: LPM 18 203-18 204/LPEM 19 073/<br>    2535 707<br>LP: Decca (USA) DL 9773 |
| Berlin<br>29 September<br>1959 | Berlin RO<br>Hedwig's Choir<br>Haefliger | CD: 445 4002/445 4102<br><u>Berlin Radio recording</u> |

### hary janos, suite

| | | |
|---|---|---|
| Berlin<br>22-24<br>September<br>1954 | Berlin RO | LP: LPM 18 223/2535 706 |
| Berlin<br>2-3<br>November<br>1961 | Berlin RO | LP: LPM 18 828/SLPM 138 828 |

### dances of galanta

| | | |
|---|---|---|
| Berlin<br>14 September<br>1953 | Berlin RO | 45: EPL 30 443<br>LP: LPE 17 060/2535 706<br>LP: Decca (USA) DL 9870 |

### dances of marossek

| | | |
|---|---|---|
| Berlin<br>25-26<br>September<br>1954 | Berlin RO | LP: LPE 17 060/2535 706<br>LP: Decca (USA) DL 9773<br>CD: 445 4002/445 4102 |

## RUGGIERO LEONCAVALLO (1858-1919)

### i pagliacci, excerpt (si può?)

| | | |
|---|---|---|
| Berlin<br>17-21<br>April<br>1961 | Berlin RO<br>Fischer-Dieskau | LP: LPM 18 700/SLPM 138 700 |

## ROLF LIEBERMANN (Born 1910)

### furioso für orchester

| | | |
|---|---|---|
| Berlin<br>15 May<br>1954 | Berlin RO | 45: EPL 30 113<br>LP: Decca (USA) DL 9769<br>CD: 445 4002/445 4042 |

### suite on swiss folksongs

| | | |
|---|---|---|
| Berlin<br>June<br>1955 | Berlin RO | 45: EPL 30 113 |

## FRANZ LISZT (1811-1886)

### les préludes, symphonic poem

| | | |
|---|---|---|
| Berlin<br>17-23<br>September<br>1959 | Berlin RO | LP: LPE 17 219/LPM 18 647-18 648/<br>LPEM 19 226/SLPE 133 219/<br>SLPM 138 647-138 648/SLPEM 136 226/<br>135 138/2535 628<br>CD: 423 3842/461 0882 |

### hungarian rhapsodies nos 1 and 2

| | | |
|---|---|---|
| Berlin<br>September<br>1954 | Berlin RO | LP: LPE 17 055<br>LP: Decca (USA) DL 9870 |

## GUSTAV MAHLER (1860-1911)

**rückert-lieder**

| | | |
|---|---|---|
| Berlin<br>16 September<br>1958 | Berlin RO<br>Forrester | LP: LPE 17 199 |

## FRANK MARTIN (1890-1974)

**petite symphonie concertante**

| | | |
|---|---|---|
| Berlin<br>11-13<br>April<br>1950 | Berlin RO<br>Herzog, Kind,<br>Helmis | 78: LVM 72 064-72 065<br>LP: LPM 18 035/LPM 18 494<br>LP: Decca (USA) DL 9774 |

## FELIX MENDELSSOHN-BARTHOLDY (1809-1847)

**violin concerto**

| | | |
|---|---|---|
| Berlin<br>19-23<br>September<br>1956 | Berlin RO<br>Schneiderhan | LP: LPE 17 085/LPEM 19 124/2548 170<br>Reissued on CD by Amadeo 423 3452/423 3432 |

**a midsummer night's dream, incidental music**

| | | |
|---|---|---|
| Berlin<br>29 June-<br>4 July<br>1950 | BPO<br>RIAS Choir<br>Streich,<br>Eustrati | 78: LVM 72 013-72 016<br>LP: LPM 18 001/478 032/89 629/<br>    2535 736/2548 201<br>LP: Decca (USA) DL 8516/DL 9846<br>Excerpts<br>45: EPL 30 001<br>45: Decca (USA) ED 3520<br>LP: Decca (USA) DL 4006/DL 4025 |

## WOLFGANG AMADEUS MOZART (1756-1791)

### symphony no 29

| | | |
|---|---|---|
| Berlin<br>30 September-<br>1 October<br>1955 | Berlin RO | LP: LPE 17 187/LPM 18 296/478 121/<br>    LPM 18 554-18 555/2535 708<br>LP: Decca (USA) DL 9830 |
| Vienna<br>21-25<br>March<br>1961 | VSO | LP: LPM 18 709/SLPM 138 709/<br>    2535 130/2726 003<br>CD: 437 3862 |

### symphony no 35 "haffner"

| | | |
|---|---|---|
| Berlin<br>12 September<br>1952 | Berlin RO | LP: LPM 18 066/478 415/89 677/2535 709<br>LP: Decca (USA) DL 9614<br>Second movement<br>45: EPL 30 306<br>Unofficial pirate CD issue of the<br>symphony on Theorema TH 121.138 |

### symphony no 39

| | | |
|---|---|---|
| Vienna<br>26 November-<br>8 December<br>1959 | VSO | LP: LPM 18 625/SLPM 138 125/<br>    2535 130/2726 003<br>CD: 437 3862 |

### symphony no 40

| | | |
|---|---|---|
| Vienna<br>26 November-<br>8 December<br>1959 | VSO | LP: LPM 18 625/SLPM 138 125/135 143/<br>    2535 114/2535 710/2726 003<br>CD: 437 3862/450 0342<br>Also an unofficial pirate CD on Theorema<br>THS 121.138, which incorrectly names<br>orchestra as Vienna Philharmonic |

**symphony no 41 "jupiter"**

| | | |
|---|---|---|
| Berlin<br>9-11<br>September<br>1953 | Berlin RO | LP: LP 16 038/LPM 18 296/478 121/<br>     LPM 18 554-18 555/89 677/2535 709<br>LP: Decca (USA) DL 9745<br><u>Unofficial pirate CD issue on</u><br><u>Theorema TH 121.138</u> |
| Vienna<br>21-25<br>March<br>1961 | VSO | LP: LPM 18 709/SLPM 138 709/135 143/<br>     2535 114/2726 003<br>CD: 437 3862/450 0342 |

**piano concerto no 19**

| | | |
|---|---|---|
| Berlin<br>21-22<br>September<br>1955 | BPO<br>Haskil | LP: LPM 18 383/LPM 18 554-18 555/2548 209<br>LP: Decca (USA) DL 9830<br>CD: 431 8722 |

**piano concerto no 20**

| | | |
|---|---|---|
| Berlin<br>11-12<br>January<br>1954 | Berlin RO<br>Haskil | LP: 2535 708<br>CD: 437 6762<br><u>Berlin Radio recording, also issued on</u><br><u>CD by Myto MCD 92361</u> |

**piano concerto no 27**

| | | |
|---|---|---|
| Munich<br>7 September<br>1957 | Bavarian<br>State Orchestra<br>Haskil | LP: LPM 18 383/2548 209<br>CD: 431 8722 |

**concert rondos k382 and k386**

| | | |
|---|---|---|
| Munich<br>26-27<br>September<br>1959 | Bavarian<br>State Orchestra<br>A.Fischer | LP: LPM 18 607/SLPM 138 087/89 513/<br>     135 059/2548 238/2538 258<br>LP: Heliodor (USA) H 25001/HS 25001 |

## clarinet concerto

| | | |
|---|---|---|
| Berlin<br>20 September<br>1957 | Berlin RO<br>Geuser | LP: LPEM 19 130/478 408/89 593/2535 711 |

## adagio and fugue in c minor

| | | |
|---|---|---|
| Berlin<br>19 January<br>1960 | Berlin RO | 45: EPL 30 552<br>LP: LPEM 19 398/SLPEM 136 398/<br>135 135/2535 712<br>CD: 445 4002/445 4082 |

## maurerische trauermusik

| | | |
|---|---|---|
| Berlin<br>29 January<br>1960 | Berlin RO | 45: EPL 30 552<br>LP: LPEM 19 398/SLPEM 136 398/2535 712<br>CD: 429 1612 |

## serenade no 13 "eine kleine nachtmusik"

| | | |
|---|---|---|
| Berlin<br>29-30<br>April<br>1958 | BPO | 45: EPL 30 430/SEPL 121 027<br>LP: LPEM 19 226/SLPEM 136 226/135 042/<br>2535 710/2548 256/2705 004<br>CD: 450 0632 |

## mass in c minor

| | | |
|---|---|---|
| Berlin<br>30 September-<br>1 October<br>1959 | Berlin RO<br>Hedwig's Choir<br>Stader, Töpper,<br>Haefliger, Sardi | LP: LPM 18 624/SLPM 138 124<br>CD: 429 1612/437 3892<br>Excerpts<br>LP: 2535 158/2535 654/2563 632/2535 148 |

## requiem

| | | |
|---|---|---|
| Berlin<br>5 March<br>1951 | Berlin RO<br>RIAS & Hedwig's<br>Choirs<br>Grümmer,<br>Pitzinger, Krebs,<br>Hotter | LP: 2535 713<br>CD: 445 4002/445 4082<br><u>Berlin Radio recording</u> |

## vesperae solennes de confessore, excerpt (laudate dominum)

| | | |
|---|---|---|
| Berlin<br>3-4<br>April<br>1960 | Berlin RO<br>Stader | LP: LPEM 19 291/SLPEM 136 291/2535 712<br>CD: 439 4122 |

## exsultate jubilate

| | | |
|---|---|---|
| Berlin<br>January<br>1954 | Berlin RO<br>Stader | 78: LVM 72 473<br>45: EPL 30 082<br>LP: LPE 17 027/LPM 18 554-18 555/89 539<br>LP: Decca (USA) DX 132<br>CD: DG 457 7302 |
| Berlin<br>3-4<br>June<br>1960 | Berlin RO<br>Stader | 45: EPL 30 595/SEPL 121 595<br>LP: LPEM 19 291/SLPEM 136 291/<br>    136 511/2535 712/2705 005/2535 148<br>CD: 435 1422/437 3832/439 4122 |

## don giovanni

| | | |
|---|---|---|
| Berlin<br>September<br>1958 | Berlin RO<br>RIAS Choir<br>Jurinac, Stader,<br>Seefried,<br>Haefliger, Kohn,<br>Fischer-Dieskau,<br>Kreppel | LP: LPM 18 580-18 582/<br>    SLPM 138 050-138 052/2728 003/2730 014<br>CD: 437 3412<br>Excerpts<br>LP: LPEM 19 224/LPEM 19 477/SLPEM 136 224/<br>    SLPEM 136 477/135 040/2535 746/<br>    410 8471<br>CD: 437 6772 |

## don giovanni, excerpts (batti batti; vedrai carino)

| | | |
|---|---|---|
| Berlin<br>18-22<br>January<br>1957 | Berlin RO<br>Stader<br>Sung in German | 45: EPL 30 266<br>LP: 89 539 |

## die entführung aus dem serail

| | | |
|---|---|---|
| Berlin<br>16-24<br>May<br>1954 | Berlin RO<br>RIAS Choir<br>Stader, Streich,<br>Haefliger,<br>Vantin, Greindl | LP: LPM 18 197-18 198/LPM 18 184-18 185/<br>    89 756-89 757/2700 010/2730 014<br>LP: Decca (USA) DX 133<br>CD: 445 4122/437 7302<br>Excerpts<br>LP: LPE 17 027/LPE 17 113/LPEM 19 409/<br>    89 539/413 8241<br>CD: 431 8752<br>The aria "Ich baue ganz" was recorded<br>at these sessions but omitted from the<br>LP editions of the complete opera |

## idomeneo

| | | |
|---|---|---|
| Salzburg<br>26 August<br>1961 | VPO<br>Vienna Opera<br>Chorus<br>Lorengar,<br>Grümmer, Kmennt,<br>Haefliger,<br>Capecchi, Wächter | CD: 447 6622<br>Austrian Radio recording, also issued<br>in unofficial LP edition on Melodram<br>MEL 701 |

### le nozze di figaro

| | | |
|---|---|---|
| Berlin<br>12-22<br>September<br>1960 | Berlin RO<br>RIAS Choir<br>Stader, Seefried,<br>Töpper, Capecchi,<br>Fischer-Dieskau | LP: LPM 18 697-18 699/<br>    SLPM 138 697-138 699/2728 004/2730 014<br>CD: 437 6712<br>Excerpts<br>LP: LPEM 19 272/LPEM 19 477/SLPEM 136 272/<br>    SLPEM 136 477/135 040/2535 710/<br>    2535 746/410 8471<br>CD: 437 6772 |

### le nozze di figaro, excerpt (deh vieni non tardar)

| | | |
|---|---|---|
| Berlin<br>18-22<br>January<br>1957 | Berlin RO<br>Stader<br>Sung in German | 45: EPL 30 266<br>LP: 89 539 |

### die zauberflöte

| | | |
|---|---|---|
| Berlin<br>June<br>1955 | Berlin RO<br>RIAS Choir<br>Stader, Streich,<br>Schech, Klose,<br>Otto, Haefliger,<br>Fischer-Dieskau,<br>Greindl, Borg | LP: LPM 18 264-18 266/LPM 18 267-18 269/<br>    89 662-89 664/2701 003/2728 009/<br>    2730 014<br>CD: 435 7412<br>Excerpts<br>45: EPL 30 237<br>LP: LPE 17 074/LPM 18 554-18 555/<br>    LPEM 19 015/LPEM 19 137/<br>    LPEM 19 302/LPEM 19 194/<br>    89 539/89 653/413 8241<br>LP: Decca (USA) DL 9932<br>CD: 431 8752 |

## MODEST MUSSORGSKY (1839-1881)

### night on bare mountain

| | | |
|---|---|---|
| Berlin<br>19 March<br>1952 | Berlin RO | 45: EPL 30 282<br>LP: LPEM 19 061/2535 727/2548 064<br>LP: Decca (USA) DL 3022 |

## CARL ORFF (1895-1982)

### carmina burana, unspecified extracts

| | | |
|---|---|---|
| Berlin<br>8 December<br>1949 | Berlin RO<br>RIAS & Hedwig's<br>Choirs<br>Schlemm,<br>Fischer-Dieskau | DG unpublished |

## AMILCARE PONCHIELLI (1834-1886)

### la gioconda, dance of the hours

| | | |
|---|---|---|
| Berlin<br>28 January-<br>1 February<br>1960 | Berlin RO | LP: LPEM 19 211/LPEM 19 399/SLPEM 136 211/<br>    SLPEM 136 399/135 008/2535 638/<br>    2548 133/2705 006<br>CD: 439 2722<br>Excerpt<br>LP: 2563 649/2721 073 |

## SERGEI PROKOFIEV (1891-1953)

### symphony no 1 "classical"

| | | |
|---|---|---|
| Berlin<br>3-5<br>January<br>1954 | Berlin RO | 78: LVM 72 457<br>45: EPL 30 212<br>LP: LPE 17 042/LPM 18 336/89 624/2548 033<br>LP: Decca (USA) DL 9737 |

## GIACOMO PUCCINI (1858-1924)

**la bohème, excerpt (che gelida manina)**

| Berlin<br>18-22<br>January<br>1957 | Berlin RO<br>Kozub<br><u>Sung in German</u> | 45: EPL 30 269 |

**tosca, excerpt (recondita armonia)**

| Berlin<br>27 June<br>1953 | Berlin RO<br>Kozub<br><u>Sung in German</u> | 45: EPL 30 269 |

## SERGEI RACHMANINOV (1873-1943)

**variations on a theme of paganini**

| Berlin<br>3-9<br>June<br>1960 | Berlin RO<br>M.Weber | LP: LPM 18 710/SLPM 138 710/2535 728 |

## MAURICE RAVEL (1875-1937)

### boléro

| Berlin | Berlin RO | 45: EPL 30 448 |
| 16 April | | LP: LPE 17 042/LPM 18 336/89 624/ |
| 1953 | | 2535 725/2548 033/2548 064 |
| | | LP: Decca (USA) DL 9936 |

### introduction and allegro for harp and orchestra

| Berlin | Berlin RO | LP: LPE 17 135/2535 704 |
| 15 January | Zabaleta | LP: Decca (USA) DL 9929 |
| 1957 | | |

### la valse, choreographic poem

| Berlin | Berlin RO | LP: 2535 725 |
| 8 June | | <u>Berlin Radio recording</u> |
| 1953 | | |

## NIKOLAI RIMSKY-KORSAKOV (1844-1908)

### scheherazade

| Berlin | Berlin RO | LP: LPEM 19 075/89 618/2535 730 |
| 13-17 | | LP: Decca (USA) DL 9908 |
| September | | |
| 1956 | | |

## GIOACHINO ROSSINI (1792-1868)

### la boutique fantasque, ballet arranged by respighi

| | | |
|---|---|---|
| Berlin<br>16-18<br>February<br>1955 | Berlin RO | LP: LPE 17 054 |

### il barbiere di siviglia, overture

| | | |
|---|---|---|
| Berlin<br>5 January<br>1954 | Berlin RO | 78: LVM 72 490<br>45: EPL 30 090<br>LP: 2535 717<br>LP: Decca (USA) DL 9902<br>CD: 445 4002/445 4062 |

### il barbiere di siviglia, excerpt (largo al factotum)

| | | |
|---|---|---|
| Berlin<br>18-22<br>January<br>1957 | Berlin RO<br>Metternich<br>Sung in German | LP: LPE 17 095/88 025<br>Reissued on CD by Preiser 90125 |

### la gazza ladra, overture

| | | |
|---|---|---|
| Berlin<br>12 January<br>1953 | Berlin RO | 78: LV 36 080<br>45: NL 32 226<br>LP: LPE 17 076/LPEM 19 041/478 075/<br>    2535 717/2548 127<br>LP: Decca (USA) DL 9902<br>CD: 445 4002/445 4062 |

### guillaume tell, excerpt (reste immobile!)

| | | |
|---|---|---|
| Berlin<br>17-21<br>April<br>1961 | Berlin RO<br>Fischer-Dieskau<br>Sung in Italian | LP: LPM 18 700/SLPM 138 700 |

## l'italiana in algeri, overture

Berlin          BPO            78: LVM 72 061
15 September                   45: EPL 30 064
1949                           45: Decca (USA) ED 3543
                               LP: LPEM 19 041/478 445/2535 717/2548 127
                               LP: Decca (USA) DL 4010/DL 9902


## la scala di seta, overture

Berlin          BPO            78: LVM 72 061
16 January                     45: EPL 30 064
1950                           45: Decca (USA) ED 3543
                               LP: LPEM 19 041/478 445/2535 717/2548 127
                               LP: Decca (USA) DL 4002/DL 9902


## semiramide, overture

Berlin          Berlin RO      LP: LPE 17 076/LPEM 19 041/478 075/
20 September                       2535 717/2548 127
1951                           LP: Decca (USA) DL 4010/DL 9902
                               CD: 445 4002/445 4062


## il signor bruschino, overture

Berlin          Berlin RO      78: LV 36 049
19 September                   45: EPL 30 270
1951                           45: Decca (USA) ED 3544
                               LP: LPEM 19 041/2535 717/2548 127
                               LP: Decca (USA) DL 4002/DL 9902
                               CD: 445 4002/445 4062

**stabat mater**

| | | |
|---|---|---|
| Berlin<br>16-19<br>September<br>1954 | Berlin RO<br>RIAS Choir<br>Stader, Radev,<br>Haefliger, Borg | LP: LPM 18 203-18 204/LPM 18 340/<br>     89 610/2535 718/2548 126<br>LP: Decca (USA) DX 132<br>CD: 439 6842 |

**tancredi, overture**

| | | |
|---|---|---|
| Berlin<br>13 September<br>1952 | Berlin RO | 78: LV 36 049<br>45: EPL 30 270<br>45: Decca (USA) ED 3544<br>LP: LPEM 19 041/478 445/2535 717/2548 127<br>LP: Decca (USA) DL 4063<br>CD: 445 4002/445 4062 |

**il viaggio a reims, overture**

| | | |
|---|---|---|
| Berlin<br>5 October<br>1954 | Berlin RO | 78: LVM 72 490<br>45: EPL 30 090<br>LP: 2535 717 |

PABLO SARASATE (1844-1908)

zigeunerweisen for violin and orchestra

| | | |
|---|---|---|
| Berlin | Berlin RO | 78: LVM 72 489 |
| 1954 | Zacharias | 45: EPL 30 089 |

FRANZ SCHUBERT (1797-1828)

symphony no 8 "unfinished"

| | | |
|---|---|---|
| Berlin | Berlin RO | LP: LPE 17 158/LPM 18 458/2535 735 |
| 18-19 September 1957 | | LP: Decca (USA) DL 9975 |

ROBERT SCHUMANN (1810-1856)

symphony no 1 "spring"

| | | |
|---|---|---|
| Berlin | Berlin RO | LP: LPM 18 235/LPEM 19 186/ 478 141/2535 735 |
| 14-15 February 1955 | | LP: Decca (USA) DL 9960 |

## BEDRICH SMETANA (1824-1884)

### the moldau/ma vlast

| | | |
|---|---|---|
| Berlin<br>9-15<br>January<br>1953 | BPO | 78: LVM 72 320<br>45: EPL 30 049<br>LP: LPE 17 018/478 428/2535 728<br>LP: Decca (USA) DL 9960 |
| Berlin<br>23 January<br>1960 | BPO | 45: EPL 30 556/SEPL 121 556<br>LP: LPE 17 219/LPEM 19 226/SLPE 133 219/<br>    SLPEM 136 226<br>CD: 423 3842/461 0882 |
| Stuttgart<br>24 June<br>1960 | SDR Orchestra | Rehearsal and performance<br>LP: LPEM 19 471/004 170/2721 172<br>CD: 445 4002/445 4112<br>Also unpublished video recording |

### from bohemia's woods and fields/ma vlast

| | | |
|---|---|---|
| Berlin<br>30 June-<br>1 July<br>1953 | BPO | 45: EPL 30 511/466 032<br>LP: LPE 17 018/LPEM 19 186/<br>    478 141/2535 729<br>LP: Decca (USA) DL 9738 |

## JOHANN STRAUSS I (1804-1849)

### radetzky march

| | | |
|---|---|---|
| Berlin<br>7 June<br>1952 | Berlin RO | 45: EPL 30 005<br>LP: Decca (USA) DL 9738 |
| Berlin<br>2-9<br>February<br>1961 | Berlin RO | LP: LPEM 19 238/SLPEM 136 238/135 017/<br>    2535 1134/2535 631/2538 141<br>CD: 427 2172 |

## JOHANN STRAUSS II (1825-1899)

### an der schönen blauen donau, waltz

| | | |
|---|---|---|
| Berlin<br>12-14<br>September<br>1949 | BPO | 78: LVM 72 052<br>45: EPL 30 073<br>45: Decca (USA) ED 3545<br>LP: Decca (USA) DL 4009 |
| Berlin<br>2-9<br>February<br>1961 | Berlin RO | LP: LPEM 19 238/SLPEM 136 238/135 009/<br>     2535 134/2538 141<br>CD: 427 2172 |

### annen-polka

| | | |
|---|---|---|
| Berlin<br>7 June<br>1952 | Berlin RO | 78: LVM 72 335<br>45: Decca (USA) ED 3535<br>LP: LPM 18 050/LPEM 19 035/478 073/89 562 |
| Berlin<br>2-9<br>February<br>1961 | Berlin RO | LP: LPEM 19 238/SLPEM 136 238/<br>     2535 134/2538 141<br>CD: 427 2172 |

### eljen a magyar, polka

| | | |
|---|---|---|
| Berlin<br>2-9<br>February<br>1961 | Berlin RO | LP: LPEM 19 238/SLPEM 136 238/<br>     2535 134/2538 141<br>CD: 427 2172 |

### die fledermaus

| | | |
|---|---|---|
| Berlin<br>1-8<br>November<br>1949 | Berlin RO<br>RIAS Choir<br>Schlemm, Streich,<br>Anders, Krebs,<br>Brauer | CD: 447 3702<br><u>Berlin Radio recording, also issued</u><br><u>on LP and CD by Melodram</u> |

# G'schichten aus dem Wiener Wald

*Ferenc Fricsay dirigiert Werke von Johann Strauss*

LPEM 19238 HI-FI

## ROSSINI  OVERTURES

The Silken Ladder · Semiramide
The Italian Girl in Algiers · Tancredi
The Thieving Magpie · Il Signor Bruschino
BERLIN PHILHARMONIC ORCHESTRA · RADIO SYMPHONY ORCHESTRA OF BERLIN
*Conducted by* FERENC FRICSAY

Deutsche
Grammophon
Gesellschaft

DGM 19041

**278** Fricsay

### die fledermaus, overture

| | | |
|---|---|---|
| Berlin<br>7 June<br>1952 | Berlin RO | 78: LV 36 111<br>45: EPL 30 095<br>LP: LPM 18 050/LPEM 19 035/478 073/89 562<br>LP: Decca (USA) DL 4052/DL 9852 |
| Berlin<br>2-9<br>February<br>1961 | Berlin RO | LP: LPEM 19 238/SLPEM 136 238/<br>    2535 134/2548 141<br>CD: 427 2172 |

### frühlingsstimmen, waltz

| | | |
|---|---|---|
| Berlin<br>22 March<br>1952 | BPO<br>Lipp | DG unpublished |
| Berlin<br>7 June<br>1952 | Berlin RO | 78: LVM 72 247<br>45: EPL 30 039<br>45: Decca (USA) ED 3524<br>LP: LPM 18 050/LPEM 19 035/478 032/89 562<br>LP: Decca (USA) DL 4041/DL 9852<br><u>DL 4041 incorrectly describes orchestra<br>as Berlin Philharmonic</u> |

### g'schichten aus dem wienerwald, waltz

| | | |
|---|---|---|
| Berlin<br>2-9<br>February<br>1961 | Berlin RO | LP: LPEM 19 238/SLPEM 136 238/2535 134/<br>    2535 649/2538 141/2721 073<br>CD: 427 2172 |

### kaiserwalzer

| | | |
|---|---|---|
| Berlin<br>2-9<br>February<br>1961 | Berlin RO | LP: LPEM 19 238/SLPEM 136 238/2535 134/<br>    2535 649/2538 141/2653 414<br>CD: 427 2172 |

### morgenblätter, waltz

| | | |
|---|---|---|
| Berlin<br>September<br>1952 | Berlin RO | 78: LV 36 062<br>LP: LPM 18 050/LPEM 19 035/478 032/89 562<br>LP: Decca (USA) DL 4062/DL 9852 |

## perpetuum mobile

| | | |
|---|---|---|
| Berlin<br>12-14<br>September<br>1949 | BPO | 78: L 62 870<br>45: NL 32 123<br>LP: Decca (USA) DL 9507 |

## rosen aus dem süden, waltz

| | | |
|---|---|---|
| Berlin<br>7 June<br>1952 | Berlin RO | 78: LVM 72 247<br>45: EPL 30 039<br>LP: LPM 18 050/LPEM 19 035/478 032/89 562<br>LP: Decca (USA) DL 4042/DL 9852 |

## tritsch-tratsch, polka

| | | |
|---|---|---|
| Berlin<br>7 June<br>1952 | Berlin RO | 78: LVM 72 335<br>45: EPL 30 005<br>45: Decca (USA) ED 3535<br>LP: LPM 18 050/LPEM 19 035/89 562<br>LP: Decca (USA) DL 4043/DL 9852 |
| Berlin<br>2-9<br>February<br>1961 | Berlin RO | LP: LPEM 19 238/SLPEM 136 238/<br>2535 134/2538 141<br>CD: 427 2172 |

## wiener blut, waltz

| | | |
|---|---|---|
| Berlin<br>16 January<br>1951 | BPO | 78: LVM 72 052<br>45: EPL 30 073<br>LP: Decca (USA) DL 4009 |

## der zigeunerbaron, overture

| | | |
|---|---|---|
| Berlin<br>September<br>1952 | Berlin RO | 78: LVM 72 335<br>45: EPL 30 095<br>45: Decca (USA) ED 3545<br>LP: Decca (USA) DL 4052 |

## JOHANN AND JOSEF STRAUSS (1827-1870)

### pizzicato polka

| | | |
|---|---|---|
| Berlin<br>4 July<br>1950 | BPO | 78: L 62 870<br>45: NL 32 123<br>45: Decca (USA) ED 3535<br>LP: Decca (USA) DL 4043/DL 9507 |

## RICHARD STRAUSS (1864-1949)

### burleske for piano and orchestra

| | | |
|---|---|---|
| Berlin<br>13 September<br>1955 | Berlin RO<br>M.Weber | LP: LPM 18 338/2535 724<br>LP: Decca (USA) DL 9900<br>CD: 445 4002/445 4032 |

### don juan

| | | |
|---|---|---|
| Berlin<br>13 October<br>1952 | Berlin RO | LP: 2535 724<br>CD: 445 4002/445 4032<br>Berlin Radio recording |

### duet concertino

| | | |
|---|---|---|
| Berlin<br>20 April<br>1953 | Berlin RO | CD: 445 4002/445 4032<br>Berlin Radio recording |

### till eulenspiegels lustige streiche

| | | |
|---|---|---|
| Berlin<br>22-23<br>June<br>1950 | Berlin RO | 78: LVM 72 024<br>45: EPL 30 067<br>LP: LP 16 006/LPEM 19 111/LPX 29 078/<br>    89 803/2535 724<br>LP: Decca (USA) DL 9529<br>CD: 445 4002/445 4032 |

IGOR STRAVINSKY (1882-1971)

**le baiser de la fée**

| | | |
|---|---|---|
| Berlin<br>27-28<br>September<br>1954 | Berlin RO | LP: LPE 17 135/2535 702 |

**capriccio for piano and orchestra**

| | | |
|---|---|---|
| Berlin<br>26-27<br>September<br>1950 | Berlin RO<br>Haas | 78: LM 68 452-68 453<br>LP: LPM 18 004/2535 722<br>LP: Decca (USA) DL 9515 |

**movements for piano and orchestra**

| | | |
|---|---|---|
| Berlin<br>14 September<br>1960 | Berlin RO<br>M.Weber | LP: LPM 18 828/SLPM 138 828<br>CD: 445 4002/445 4052 |

**oedipus rex**

| | | |
|---|---|---|
| Berlin<br>29 September<br>1960 | Berlin RO<br>RIAS and NDR<br>Töpper,<br>Haefliger,<br>Engen, Sardi | LP: 2535 723<br>CD: 445 4452<br><u>Berlin Radio recording</u> |

## petrushka

| | | |
|---|---|---|
| Berlin<br>19-21<br>April<br>1954 | Berlin RO | LP: LP 16 112/LPE 17 003/LPEM 19 111/<br>     89 803/2535 720<br>CD: 445 4002/445 4052 |

## le sacre du printemps

| | | |
|---|---|---|
| Berlin<br>11-13<br>March<br>1954 | Berlin RO | LP: LPM 18 189/89 718/2535 721/2548 112<br>LP: Decca (USA) DL 9781<br>CD: 445 4002/445 4052 |

## symphony of psalms

| | | |
|---|---|---|
| Berlin<br>30 January<br>1951 | Berlin RO<br>RIAS Choir | LP: LPM 18 035/LPEM 19 073/2535 707<br>LP: Decca (USA) DL 7526 |

PIOTR TCHAIKOVSKY (1840-1893)

**symphony no 4**

| | | |
|---|---|---|
| Berlin<br>9-10<br>September<br>1952 | Berlin RO | LP: LPM 18 039/89 619/2535 732<br>LP: Decca (USA) DL 9680 |

**symphony no 5**

| | | |
|---|---|---|
| Berlin<br>12-14<br>September<br>1949 | BPO | 78: LVM 72 001-72 004<br>LP: LPM 18 012/479 013/89 627/2535 733<br>LP: Decca (USA) DL 9519<br><u>Second movement</u><br>LP: LPE 17 087 |

**symphony no 6 "pathétique"**

| | | |
|---|---|---|
| Berlin<br>1-4<br>July<br>1953 | BPO | LP: LPM 18 104/478 071/89 568/2535 734<br>    2870 119<br>CD: 445 4002/445 4092 |
| Berlin<br>17-23<br>September<br>1959 | Berlin RO | CD: 447 4562/POCG 1957<br><u>So far published only in Japan</u> |

**violin concerto**

| | | |
|---|---|---|
| Berlin<br>24 September<br>1949 | Berlin RO<br>Menuhin | CD: 445 4002/445 4092<br><u>Berlin Radio recording, previously issued<br>in unofficial editions, incorrectly<br>dated, by Longanesi and Movimento<br>musica</u> |

Fricsay

**serenade for strings**

| | | |
|---|---|---|
| Berlin<br>14-15<br>October<br>1952 | Berlin RO | LP: LPE 17 036/LPM 18 336/89 624/<br>        89 822/2535 731<br>LP: Decca (USA) DL 9737<br><u>Waltz only</u><br>LP: LPEM 19 116<br>LP: Decca (USA) DL 9990 |

**1812 overture**

| | | |
|---|---|---|
| Berlin<br>14-15<br>January<br>1953 | Berlin RO<br>RIAS Choir | 78: LVM 72 412<br>45: EPL 30 438/466 027<br>LP: LPE 17 022/478 088/89 615/2535 727<br>LP: Decca (USA) DL 9738 |

**casse noisette, waltz**

| | | |
|---|---|---|
| Berlin<br>10-12<br>September<br>1957 | Berlin RO | LP: LPEM 19 116/478 088/89 615<br>LP: Decca (USA) DL 9990 |

**evgeny onegin, waltz**

| | | |
|---|---|---|
| Berlin<br>10-12<br>September<br>1957 | Berlin RO | 45: EPL 30 494/466 031<br>LP: LPEM 19 116<br>LP: Decca (USA) DL 9990 |
| Berlin<br>28 January-<br>1 February<br>1960 | Berlin RO | LP: LPEM 19 211/SLPEM 136 211/135 009/<br>  136 375/2535 603/2535 653/2548 133<br>CD: 427 8302 |

**evgeny onegin, polonaise**

| | | |
|---|---|---|
| Berlin<br>28 January-<br>1 February<br>1960 | Berlin RO | LP: LPEM 19 211/SLPEM 136 211/<br>  2548 133/2721 084<br>CD: 427 8302 |

**sleeping beauty, waltz**

| | | |
|---|---|---|
| Berlin<br>10-12<br>September<br>1957 | Berlin RO | 45: EPL 30 407<br>LP: LPEM 19 116/2535 731<br>LP: Decca (USA) DL 9990 |

**swan lake, ballet suite**

| | | |
|---|---|---|
| Berlin<br>11-12<br>September<br>1957 | Berlin RO | LP: LPEM 19 116/2535 731<br>LP: Decca (USA) DL 9990<br><u>Waltz only</u><br>45: EPL 30 407 |

**ALEXANDER TCHEREPNIN (1899-1977)**

**bagatelles for piano and orchestra**

| Berlin | Berlin RO | LP: LPM 18 710/SLPM 138 710/89 738 |
|---|---|---|
| 3-9 June 1960 | M.Weber | |

## GIUSEPPE VERDI (1813-1901)

**messa da requiem**

| | | |
|---|---|---|
| Berlin<br>22-26<br>September<br>1953 | Berlin RO<br>RIAS & Hedwig's<br>Choirs<br>Stader, Radev,<br>Krebs, Borg | LP: LPM 18 155-18 156/LPM 18 157-18 158<br>LP: Decca (USA) DX 118<br>CD: 447 4422 |
| Berlin<br>23 October<br>1960 | Berlin RO<br>Hedwig's Choir<br>Stader,<br>Dominguez,<br>Carelli, Sardi | LP: 2721 171<br>CD: 429 0762/439 6842<br>Berlin Radio recording |

**4 pezzi sacri**

| | | |
|---|---|---|
| Berlin<br>14 January<br>1952 | Berlin RO<br>RIAS & Hedwig's<br>Choirs | CD: 429 0762<br>Berlin Radio recording, previously issued<br>on LP by Movimento musica 01.043 |

**aida, prelude**

| | | |
|---|---|---|
| Berlin<br>14 January<br>1953 | Berlin RO | LP: 2535 719<br>CD: 445 4002/445 4062<br>Berlin Radio recording |

**aida, ballet music**

| | | |
|---|---|---|
| Berlin<br>14 January<br>1954 | Berlin RO | LP: 2535 719<br>Berlin Radio recording |
| Berlin<br>28 January-<br>1 February<br>1960 | Berlin RO | LP: LPEM 19 211/SLPEM 136 211/<br>    2535 638/2548 133<br>CD: 427 8342/439 2722<br>Excerpts<br>LP: LPEM 19 456 |

## don carlos, excerpt (o don fatale!)

| | | |
|---|---|---|
| Berlin<br>18-22<br>January<br>1957 | Berlin RO<br>Töpper<br>Sung in German | 45: NL 32 231 |

## falstaff, excerpt (va, vecchio john!)

| | | |
|---|---|---|
| Berlin<br>4 January<br>1951 | Berlin RO<br>Metternich,<br>Fischer-Dieskau<br>Sung in German | LP: LPEM 19 029<br>Reissued on CD by Preiser 90125 |

## la forza del destino, overture

| | | |
|---|---|---|
| Berlin<br>26-27<br>June<br>1953 | Berlin RO | 45: EPL 30 081<br>LP: LPE 17 015/478 445/2535 719<br>LP: Decca (USA) DL 9738<br>CD: 445 4002/445 4062 |

## la forza del destino, excerpt (morir fremenda cosa urna fatale!)

| | | |
|---|---|---|
| Berlin<br>17-21<br>April<br>1961 | Berlin RO<br>Fischer-Dieskau | LP: LPM 18 700/SLPM 138 700 |

## nabucco, overture

| | | |
|---|---|---|
| Berlin<br>16 October<br>1952 | Berlin RO | 45: EPL 30 081<br>LP: LPE 17 015/478 445/2535 719<br>LP: Decca (USA) DL 4063<br>CD: 445 4002/445 4062 |

**otello, ballet music**

| | | |
|---|---|---|
| Berlin<br>28 January-<br>1 February<br>1960 | Berlin RO | LP: LPEM 19 211/SLPEM 136 211/<br>    2535 638/2548 133<br>CD: 439 2722 |

**la traviata, preludes to acts 1 and 3**

Berlin          Berlin RO          78: L 62 923/LV 36 207
27-29                              45: EPL 30 494/NL 32 007/466 031
June                               LP: LPE 17 015/478 445/2535 719
1953                               LP: Decca (USA) DL 9738
                                   CD: 445 4002/445 4062

**la traviata, excerpt (di provenza il mar)**

Berlin          Berlin RO          LP: LPM 18 700/SLPM 138 700
17-21           Fischer-Dieskau    CD: 427 8342
April
1961

**il trovatore, excerpt (stride la vampa!)**

Berlin          Berlin RO          45: NL 32 231
18-22           Töpper
January          Sung in German
1957

**i vespri siciliani, overture**

Berlin          Berlin RO          78: LV 36 031
21 March                           LP: LPE 17 015/478 445/2535 719
1952                               LP: Decca (USA) DL 4046
                                   CD: 445 4002/445 4062

## RICHARD WAGNER (1813-1883)

### der fliegende holländer

| | | |
|---|---|---|
| Berlin<br>October<br>1952 | Berlin RO<br>RIAS Choir<br>Kupper, Wagner,<br>Windgassen,<br>Metternich,<br>Greindl | LP: LPM 18 063-18 065/LPM 18 116-18 118/<br>    2701 009<br>LP: Decca (USA) DX 124<br>CD: 439 7142<br>Excerpts<br>45: EPL 30 024/EPL 30 446/466 030<br>LP: LPE 17 022/LPEM 19 015/LPEM 19 122/<br>    LPX 29 260/478 089/89 652 |

## CARL MARIA VON WEBER (1786-1826)

### aufforderung zum tanz, arranged by berlioz

Berlin           Berlin RO           LP: 136 375/199 029
14 February
1961

### clarinet concerto

Berlin           Berlin RO           LP: LPEM 19 130/478 409/2535 711
20 September     Geuser
1957

### konzertstück for piano and orchestra

Berlin           Berlin RO           LP: LPM 18 710/SLPM 138 710/135 050
11-12            M.Weber
October
1960


## MISCELLANEOUS

### ferenc fricsay: erzähltes leben

                 Fricsay talks       LP: LPM 18 741
                 about his life      With musical excerpts
                 and career

# Discographies

**Teachers and pupils**
Schwarzkopf/Ivogün/Cebotari/
Seinemeyer/Welitsch/Streich/Berger

**Leopold Stokowski**
Discography and concert register

**A notable quartet**
Janowitz/Ludwig/Gedda/
Fischer-Dieskau

**Hungarians in exile**
Reiner/Dorati/Szell

**The art of the diva**
Muzio/Callas/Olivero

**Back from the shadows**
Mengelberg/Abendroth/Mitropoulos/
van Beinum

**More musical knights**
Harty/Mackerras/Rattle/Pritchard

**Metropolitan sopranos**
Ponselle/Steber/Milanov/Price

**Conductors on the yellow label**
Lehmann/Leitner/Jochum/Rother/
Markevitch/Ludwig/Konwitschny/
Fricsay

**More giants of the keyboard**
Arrau/Horowitz/Lipatti/Rubinstein/
Cziffra

**Mezzos and contraltos**
Baker/Klose/Ferrier/Simionato/
Höngen

Price £22 per volume (£28 outside UK)
*Special offer any 3 volumes for £55
(£75 outside UK) postage included*
Order from: John Hunt,
22 Trevithick House, Galleywall Road,
London SE16 3PE

**credits**

Valuable help with the supply of
information or illustration material
for these discographies came from

Ray Burford, Sony Classical London
Richard Chlupaty, London
Syd Gray, Hove
Michael Gray, Alexandria VA
Ken Jagger, EMI Classics London
Alan Newcombe, DG Hamburg
Brian Pinder, Halifax
Tully Potter, Billericay
Alan Sanders, Richmond
Malcolm Walker, Harrow

**Music and Books published by Travis & Emery Music Bookshop:**

Anon.: Hymnarium Sarisburiense, cum Rubricis et Notis Musicis.
Agricola, Johann Friedrich from Tosi: Anleitung zur Singkunst.
Bach, C.P.E.: edited W. Emery: Nekrolog or Obituary Notice of J.S. Bach.
Bateson, Naomi Judith: Alcock of Salisbury
Bathe, William: A Briefe Introduction to the Skill of Song (c.1587)
Bax, Arnold: Symphony #5, Arranged for Piano Four Hands by Walter Emery
Burney, Charles: The Present State of Music in France and Italy (1771)
Burney, Charles: The Present State of Music in Germany, Netherlands... (1773)
Burney, Charles: An Account of the Musical Performances ... Handel (1784)
Burney, Karl: Nachricht von Georg Friedrich Handel's Lebensumstanden (1784)
Burns, Robert: The Caledonian Musical Museum ... Best Scotch Songs (1810)
Cobbett, W.W.: Cobbett's Cyclopedic Survey of Chamber Music. (2 vols.)
Corrette, Michel: Le Maitre de Clavecin (1753)
Crimp, Bryan: Dear Mr. Rosenthal ... Dear Mr. Gaisberg ...
Crimp, Bryan: Solo: The Biography of Solomon
d'Indy, Vincent: Beethoven: Biographie Critique
d'Indy, Vincent: Beethoven: A Critical Biography
d'Indy, Vincent: César Franck (in French)
Fischhof, Joseph: Versuch einer Geschichte des Clavierbaues. (1853).
Frescobaldi, Girolamo: D'Arie Musicali per Cantarsi. Primo & Secondo Libro.
Geminiani, Francesco: The Art of Playing the Violin.
Handel; Purcell; Boyce et al: Calliope or English Harmony: Vol. First. (1746)
Häuser: Musikalisches Lexikon. 2 vols in one.
Hawkins, John: General History of the Science & Practice of Music (5 vols. 1776)
Herbert-Caesari, Edgar: The Science and Sensations of Vocal Tone
Herbert-Caesari, Edgar: Vocal Truth
Hopkins and Rimboult: The Organ. Its History and Construction.
Hunt, John: Adam to Webern: the recordings of von Karajan
Hunt, John: several discographies – see separate list.
Isaacs, Lewis: Hänsel and Gretel. A Guide to Humperdinck's Opera.
Isaacs, Lewis: Königskinder (Royal Children) A Guide to Humperdinck's Opera.
Kastner: Manuel Général de Musique Militaire
Lacassagne, M. l'Abbé Joseph : Traité Général des élémens du Chant.
Lascelles (née Catley), Anne: The Life of Miss Anne Catley.
Mainwaring, John: Memoirs of the Life of the Late George Frederic Handel
Malcolm, Alexander: A Treaty of Music: Speculative, Practical and Historical
Marx, Adolph Bernhard: Die Kunst des Gesanges, Theoretisch-Practisch (1826)
May, Florence: The Life of Brahms (2$^{nd}$ edition)
May, Florence: The Girlhood Of Clara Schumann: Clara Wieck And Her Time.
Mellers, Wilfrid: Angels of the Night: Popular Female Singers of Our Time
Mellers, Wilfrid: Bach and the Dance of God
Mellers, Wilfrid: Beethoven and the Voice of God
Mellers, Wilfrid: Caliban Reborn - Renewal in Twentieth Century Music

**Music and Books published by Travis & Emery Music Bookshop:**

Mellers, Wilfrid: François Couperin and the French Classical Tradition
Mellers, Wilfrid: Harmonious Meeting
Mellers, Wilfrid: Le Jardin Retrouvé, The Music of Frederic Mompou
Mellers, Wilfrid: Music and Society, England and the European Tradition
Mellers, Wilfrid: Music in a New Found Land: ... ... American Music
Mellers, Wilfrid: Romanticism and the Twentieth Century (from 1800)
Mellers, Wilfrid: The Masks of Orpheus: ...... the Story of European Music.
Mellers, Wilfrid: The Sonata Principle (from c. 1750)
Mellers, Wilfrid: Vaughan Williams and the Vision of Albion
Panchianio, Cattuffio: Rutzvanscad Il Giovine (1737)
Pearce, Charles: Sims Reeves, Fifty Years of Music in England.
Pettitt, Stephen: Philharmonia Orchestra: Complete Discography (1987)
Playford, John: An Introduction to the Skill of Musick (1674)
Purcell, Henry et al: Harmonia Sacra ... The First Book, (1726)
Purcell, Henry et al: Harmonia Sacra ... Book II (1726)
Quantz, Johann: Versuch einer Anweisung die Flöte traversiere zu spielen.
Rameau, Jean-Philippe: Code de Musique Pratique, ou Methodes (1760)
Rastall, Richard: The Notation of Western Music.
Rimbault, Edward: The Pianoforte, Its Origins, Progress, and Construction.
Rousseau, Jean Jacques: Dictionnaire de Musique
Rubinstein, Anton : Guide to the proper use of the Pianoforte Pedals.
Sainsbury, John S.: Dictionary of Musicians. Vol. 1. (1825). 2 vols.
Serré de Rieux, Jean de : Les dons des Enfans de Latone
Simpson, Christopher: A Compendium of Practical Musick in Five Parts
Spohr, Louis: Autobiography
Spohr, Louis: Grand Violin School
Tans'ur, William: A New Musical Grammar; or The Harmonical Spectator
Terry, Charles Sanford: John Christian Bach (Johann Christian Bach) (1929)
Terry, Charles Sanford: J.S. Bach's Original Hymn-Tunes for Congregational Use
Terry, Charles Sanford: Four-Part Chorals of J.S. Bach. (German & English)
Terry, Charles Sanford: Joh. Seb. Bach, Cantata Texts, Sacred and Secular.
Terry, Charles Sanford: The Origins of the Family of Bach Musicians.
Tosi, Pierfrancesco: Opinioni de' Cantori Antichi, e Moderni (1723)
Van der Straeten, Edmund: History of the Violoncello, The Viol da Gamba ...
Van der Straeten, Edmund: History of the Violin, Its Ancestors... (2 vols.)
Waltern: Musikalisches Lexicon
Walther, J. G.: Musicalisches Lexikon ober Musicalische Bibliothec

# Travis & Emery Music Bookshop
## 17 Cecil Court, London, WC2N 4EZ, United Kingdom.
### Tel. (+44) 20 7240 2129

© Travis & Emery 2009

# Discographies by Travis & Emery:
# Discographies by John Hunt.

1987: 978-1-906857-14-1: From Adam to Webern: the Recordings of von Karajan.
1991: 978-0-951026-83-0: 3 Italian Conductors and 7 Viennese Sopranos: 10 Discographies: Arturo Toscanini, Guido Cantelli, Carlo Maria Giulini, Elisabeth Schwarzkopf, Irmgard Seefried, Elisabeth Gruemmer, Sena Jurinac, Hilde Gueden, Lisa Della Casa, Rita Streich.
1992: 978-0-951026-85-4: Mid-Century Conductors and More Viennese Singers: 10 Discographies: Karl Boehm, Victor De Sabata, Hans Knappertsbusch, Tullio Serafin, Clemens Krauss, Anton Dermota, Leonie Rysanek, Eberhard Waechter, Maria Reining, Erich Kunz.
1993: 978-0-951026-87-8: More 20th Century Conductors: 7 Discographies: Eugen Jochum, Ferenc Fricsay, Carl Schuricht, Felix Weingartner, Josef Krips, Otto Klemperer, Erich Kleiber.
1994: 978-0-951026-88-5: Giants of the Keyboard: 6 Discographies: Wilhelm Kempff, Walter Gieseking, Edwin Fischer, Clara Haskil, Wilhelm Backhaus, Artur Schnabel.
1994: 978-0-951026-89-2: Six Wagnerian Sopranos: 6 Discographies: Frieda Leider, Kirsten Flagstad, Astrid Varnay, Martha Moedl, Birgit Nilsson, Gwyneth Jones.
1995: 978-0-952582-70-0: Musical Knights: 6 Discographies: Henry Wood, Thomas Beecham, Adrian Boult, John Barbirolli, Reginald Goodall, Malcolm Sargent.
1995: 978-0-952582-71-7: A Notable Quartet: 4 Discographies: Gundula Janowitz, Christa Ludwig, Nicolai Gedda, Dietrich Fischer-Dieskau.
1996: 978-0-952582-72-4: The Post-War German Tradition: 5 Discographies: Rudolf Kempe, Joseph Keilberth, Wolfgang Sawallisch, Rafael Kubelik, Andre Cluytens.
1996: 978-0-952582-73-1: Teachers and Pupils: 7 Discographies: Elisabeth Schwarzkopf, Maria Ivoguen, Maria Cebotari, Meta Seinemeyer, Ljuba Welitsch, Rita Streich, Erna Berger.
1996: 978-0-952582-77-9: Tenors in a Lyric Tradition: 3 Discographies: Peter Anders, Walther Ludwig, Fritz Wunderlich.
1997: 978-0-952582-78-6: The Lyric Baritone: 5 Discographies: Hans Reinmar, Gerhard Huesch, Josef Metternich, Hermann Uhde, Eberhard Waechter.
1997: 978-0-952582-79-3: Hungarians in Exile: 3 Discographies: Fritz Reiner, Antal Dorati, George Szell.
1997: 978-1-901395-00-6: The Art of the Diva: 3 Discographies: Claudia Muzio, Maria Callas, Magda Olivero.
1997: 978-1-901395-01-3: Metropolitan Sopranos: 4 Discographies: Rosa Ponselle, Eleanor Steber, Zinka Milanov, Leontyne Price.
1997: 978-1-901395-02-0: Back From The Shadows: 4 Discographies: Willem Mengelberg, Dimitri Mitropoulos, Hermann Abendroth, Eduard Van Beinum.
1997: 978-1-901395-03-7: More Musical Knights: 4 Discographies: Hamilton Harty, Charles Mackerras, Simon Rattle, John Pritchard.
1998: 978-1-901395-94-5: Conductors On The Yellow Label: 8 Discographies: Fritz Lehmann, Ferdinand Leitner, Ferenc Fricsay, Eugen Jochum, Leopold Ludwig, Artur Rother, Franz Konwitschny, Igor Markevitch.
1998: 978-1-901395-95-2: More Giants of the Keyboard: 5 Discographies: Claudio Arrau, Gyorgy Cziffra, Vladimir Horowitz, Dinu Lipatti, Artur Rubinstein.
1998: 978-1-901395-96-9: Mezzo and Contraltos: 5 Discographies: Janet Baker, Margarete Klose, Kathleen Ferrier, Giulietta Simionato, Elisabeth Hoengen.

1999: 978-1-901395-97-6: The Furtwaengler Sound Sixth Edition: Discography and Concert Listing.
1999: 978-1-901395-98-3: The Great Dictators: 3 Discographies: Evgeny Mravinsky, Artur Rodzinski, Sergiu Celibidache.
1999: 978-1-901395-99-0: Sviatoslav Richter: Pianist of the Century: Discography.
2000: 978-1-901395-04-4: Philharmonic Autocrat 1: Discography of: Herbert Von Karajan [Third Edition].
2000: 978-1-901395-05-1: Wiener Philharmoniker 1 - Vienna Philharmonic and Vienna State Opera Orchestras: Discography Part 1 1905-1954.
2000: 978-1-901395-06-8: Wiener Philharmoniker 2 - Vienna Philharmonic and Vienna State Opera Orchestras: Discography Part 2 1954-1989.
2001: 978-1-901395-07-5: Gramophone Stalwarts: 3 Separate Discographies: Bruno Walter, Erich Leinsdorf, Georg Solti.
2001: 978-1-901395-08-2: Singers of the Third Reich: 5 Discographies: Helge Roswaenge, Tiana Lemnitz, Franz Voelker, Maria Mueller, Max Lorenz.
2001: 978-1-901395-09-9: Philharmonic Autocrat 2: Concert Register of Herbert Von Karajan Second Edition.
2002: 978-1-901395-10-5: Sächsische Staatskapelle Dresden: Complete Discography.
2002: 978-1-901395-11-2: Carlo Maria Giulini: Discography and Concert Register.
2002: 978-1-901395-12-9: Pianists For The Connoisseur: 6 Discographies: Arturo Benedetti Michelangeli, Alfred Cortot, Alexis Weissenberg, Clifford Curzon, Solomon, Elly Ney.
2003: 978-1-901395-14-3: Singers on the Yellow Label: 7 Discographies: Maria Stader, Elfriede Troetschel, Annelies Kupper, Wolfgang Windgassen, Ernst Haefliger, Josef Greindl, Kim Borg.
2003: 978-1-901395-15-0: A Gallic Trio: 3 Discographies: Charles Muench, Paul Paray, Pierre Monteux.
2004: 978-1-901395-16-7: Antal Dorati 1906-1988: Discography and Concert Register.
2004: 978-1-901395-17-4: Columbia 33CX Label Discography.
2004: 978-1-901395-18-1: Great Violinists: 3 Discographies: David Oistrakh, Wolfgang Schneiderhan, Arthur Grumiaux.
2006: 978-1-901395-19-8: Leopold Stokowski: Second Edition of the Discography.
2006: 978-1-901395-20-4: Wagner Im Festspielhaus: Discography of the Bayreuth Festival.
2006: 978-1-901395-21-1: Her Master's Voice: Concert Register and Discography of Dame Elisabeth Schwarzkopf [Third Edition].
2007: 978-1-901395-22-8: Hans Knappertsbusch: Kna: Concert Register and Discography of Hans Knappertsbusch, 1888-1965. Second Edition.
2008: 978-1-901395-23-5: Philips Minigroove: Second Extended Version of the European Discography.
2009: 978-1-901395--24-2: American Classics: The Discographies of Leonard Bernstein and Eugene Ormandy.

## Discography by Stephen J. Pettitt, edited by John Hunt:
1987: 978-1-906857-16-5: Philharmonia Orchestra: Complete Discography 1945-1987

## Available from: Travis & Emery at 17 Cecil Court, London, UK. (+44) 20 7 240 2129. email on sales@travis-and-emery.com .

© Travis & Emery 2009

www.ingramcontent.com/pod-product-compliance
Lightning Source LLC
Chambersburg PA
CBHW070824250426
43671CB00036B/1911